JN280884

カギを握る温熱環境

高齢者が気持ちよく暮らすには

日本建築学会 編

技報堂出版

執筆者名簿

日本建築学会環境工学委員会高齢者の温熱環境と健康WG

主査　五十嵐　由利子　新潟大学教育人間科学部　教授

委員　安　藤　邑　恵　横浜市立大学医学部看護学科　助教授

大　渕　律　子　三重大学医学部看護学科　教授

北　原　博　幸　トータルシステム研究所　代表

高　橋　啓　子　愛知江南大学生活学科　教授

都　築　和　代　産業技術総合研究所
人間福祉医工学研究部門　主任研究員

橋　本　修　左　武蔵野大学人間関係学部　教授

執筆協力

栃　原　裕　九州大学芸術工学研究院
人間生活システム部門　教授

梁　瀬　度　子　奈良女子大学　名誉教授

はじめに

現在、わが国では高齢化が急速に進み、2025年には４人に１人が高齢者になると推測されています。こうした高齢社会へ対応する福祉行政の取り組みとして、介護保険制度（2000年）が注目されるようになりました。これには各種介護施設での対応、在宅介護支援、また、介護保険制度による住宅改修など多くの事項が含まれています。

高齢化を考えた住宅づくりについては、1995年に長寿社会対応住宅設計指針が国により示され、それをベースに融資基準を設定した住宅金融公庫の「バリアフリータイプ」の利用が可能となりました。また、「住宅の品質確保に関する促進等の法律」（略称：品確法、2000年）の一つの柱でもある住宅性能表示制度の表示項目にも「高齢者等への配慮に関すること」が盛り込まれています。このように各種の住宅への対応策が目立つようにはなってきましたが、制度の普及にはもう少し時間が必要かもしれません。

さて、高齢社会に対するさまざまな対応をみると、居住環境については目にみえる部分のバリアフリーに関する事項がほとんどとなっています。すなわち、床の段差解消、手すりの設置、車椅子対応のための広さの確保、介助スペースの確保などが代表的なものです。確かにこれらのバリアフリー化は高齢者の移動性を高め、生活の質を豊かにするためにも必要不可欠です。また、これらと合わせて目に見えない空気環境、温熱環境も高齢者の健康にとって大変重要なことです。

空気環境とは、さまざまな物質を含んだ空気の状態のことで、人の健康にとってどうかにかかわってきます。たとえば、暖房中の空気汚染や建築材料から発生するホルムアルデヒドなどがあげられます。

温熱環境とは、温度、湿度、気流、周囲の壁や床などの温度が総合された環境のことです。この温熱環境の状態は人の暑さ、寒さの感覚に影響するだけでなく、場合によっては健康や生命とも大きくかかわってきます。

夏季に熱中症で死亡する高齢者の割合は軽視できるものではなく、冬季においても脳卒中で倒れ、死亡する高齢者が多いことが知られています。これまで住まいの温熱環境と健康との関連については、一般の人たちにあまり注目されることはありませんでした。

しかし、近年では健康志向の高まりとともに、さまざまな設備機器の利用が増えています。ただ、それらが適切に使用されているかどうかで健康にも影響してきます。

本書の出版には、日本建築学会環境工学委員会熱環境小委員会高齢者居住施設サブワーキンググループ（SWG）における調査研究の活動の成果がもとになっています。特に特別養護老人ホームでの調査において、施設職員が空調設備の特性と調整の目安の情報を必要としていることがわかりました。さらに、上記SWGの有志で実施した高齢者居住の住宅における調査でも、住宅の性能と暖房器具の使用方法に課題があることがわかりました。

そこで、高齢者の温熱環境と健康ワーキンググループでは高齢者居住施設SWGの活動を受け、高齢者の現状をとらえながら課題を整理し、一般の人たちはもちろんのこと、特に福祉コーディネーターなど福祉施設や在宅介護支援にかかわる人たち（学生や実際に現場で活躍している人たち）の参考になるよう企画・編集を行いました。

本書ではどのような温熱環境が高齢者にとってバリアになるか、そして、実際に高齢者が居住する住宅や施設での温熱環境の実態をとらえ、その改善方法の提案や各種設備機器の情報などを提供しています。

どのような居住環境であっても、高齢者が気持ちよく健康で安心して生活できるよう温熱環境を整備し調節するとき、多くの人たちにこの本がお役に立てれば幸いです。

2005年7月　日本建築学会　環境工学委員会

高齢者の温熱環境と健康ワーキンググループ

主査　五十嵐由利子

目　　次

序章

用語解説

一酸化炭素

石油や練炭、ガスなど炭素を含むものが燃える際、酸素を必要とします。酸素が十分にあると炭素は燃えて一つの炭素に酸素が二ついた二酸化炭素に、一方、酸素が不十分な場合、酸素が一つしかついていない有害な一酸化炭素が発生してしまいます。

一酸化炭素中毒

一酸化炭素は、からだの中の血液中で酸素を運ぶ役割をしているヘモグロビンなどに簡単にくっつきます。すると、ヘモグロビンが酸素を運ぶのを妨害し、酸欠状態となり中毒になりやすく、死に至ることもあります。

院内感染

院内感染とは病院や高齢者施設などでウイルスや細菌に感染してしまうことをいいます。病院や高齢者施設では、免疫力が低下していたり、薬の副作用のため感染しやすくなっている人が多いため、特に注意する必要があります。

インフルエンザ

インフルエンザウイルスと呼ばれるウイルスによる感染症のこと。普通の風邪の場合、ライノウイルスやコロナウイルスと呼ばれる種類のウイルスに感染して発生します。普通の風邪の場合には鼻水やくしゃみなどが症状の中心なのに対し、インフルエンザは、39℃前後の発熱や関節痛など全身症状をおこしたり、肺炎や気管支炎を併発するなど、症状が重くなりやすいのが特徴です。

閾値《いきち》
感覚や反応に作用する大きさ・強度の最小値のこと。

うつ熱状態
人のからだの中では心臓や脳、筋肉など生きているだけで熱を発生します。この熱をうまく外に逃がすことで体温を一定に保っています。一方、気温が高かったり、湿度が高かったりすると、からだの熱を外に出すことができず、からだの中に熱が蓄積され、体温が高くなってしまいます。このような状態をうつ熱状態といいます。

エネルギー代謝機能
食事などで摂取した、栄養素をからだの中でエネルギーに変え、利用・消費する機能のこと。

嚥下《えんげ》機能《きのう》
食べ物を飲み下す機能のこと。また、食べ物を飲み込めなくなったり、誤って肺の方に食べ物が流れ込んでしまうことを嚥下障害といいます。

温受容器
暖かさを感じる皮膚の神経末端器官のこと。皮膚1 cm^{2}に2個くらいの割合であるとされています。

温度差

同じ住宅でも部屋によって温度が違ったり、同じ部屋でも場所によって温度が異なります。部屋ごとの温度差のことを室間温度差、同じ部屋でも高さ方向(たとえば床の近くと天井の近く)の温度差を上下温度差あるいは垂直方向温度差といい、同じ高さでも窓側と廊下側などの違いのように同じ平面での温度差を水平方向温度差といいます。

温度調節

目標となる温度になるように調節すること。たとえばエアコンによる冷房で部屋の温度を調節する場合、目標となる温度より室温が高い場合には、エアコンが強力に動き、低い場合にはエアコンが止まったり、弱く動いたりして、目標温度に近づけます。

温風

暖かい風のこと。ファンヒータからの風や、ドライヤーの風など。

温冷感覚

暑さや寒さの感覚のこと。

温冷受容器

暖かさや冷たさを感じる皮膚の神経末端器官のこと。温かさを感じる器官を温受容器あるいは温点、冷たさを感じる器官を冷受容器または冷点といいます。

快適温度

体温を一定の値に保って、からだの中で行われるさまざまな生理現象をスムーズに行うことができる温度あるいは快適と感じる温度のことをいいます。

快適感

心やからだが心地よい状態に保たれていると感じる感覚のこと。

加湿

空気中の水分の割合を高めること。

霞《かすみ》戸《ど》

簾《す》戸《ど》ともいう。簾《す》を障子の枠の中にはめ込んだ戸で、夏の風を通すので、高温多湿になりやすい日本の気候に適しており、和室によく用いられています。

合併症状

病気やその症状に関連しておきる新たな病気や症状のこと。

渇き感

のどが渇く感覚のこと。

乾き感
（乾燥感）

水分がなくなる感覚、あるいは水分が少ないと感じること。

癌

もともと他の細胞と調和がとれていた正常な細胞が、急に増殖し続けるものが腫瘍ですが、その中でも悪性のもので、さらに上皮細胞と呼ばれる細胞からなる悪性腫瘍を癌といいます。

換気量　通常は室内の空気をきれいに保つ空気の量のことで、建物の場合は新鮮外気の室内への取り込み量のことをいいます。たとえば換気回数0.5回／時の換気量とは、１時間に部屋の容積の0.5倍の新鮮外気を部屋に取り込んで、同じ量の室内の空気を外に吐き出す換気量のことを指します。

乾皮症　年齢を重ねると皮膚に含まれる水分の割合が次第に少なくなり、皮膚が乾燥してカサつくようになります。これを老人性乾皮症といいます。

寒冷暴露　寒さや冷たさに直接さらされること。

気管支炎　気管支の粘膜におこる炎症のこと。

気密化　部屋や建物の内部と外との間の空気の流れや漏れを少なくすること。

吸着剤　目的とする気体や液体など特定の成分を吸着する能力が大きな材料のこと。

許容度　許して受け入れられる度合いのこと。

空気汚染　健康に害のある物質や危険物質に空気が汚されること。

空調計画　冷暖房や換気などの計画のこと。

クロー値（clo値）　衣服の着衣量にかかわり、熱遮断能を表す単位。気温21℃、相対湿度50％、気流速度 5 cm/sec以下の室内において体表面からの放熱量が 1 metの代謝と平衡するような着衣状態を基準として 1 cloと定義されています。したがって、厚着して着衣量が増えるほど、クロー値も大きくなります。一般に、男性が背広を着た状態で約1.1～1.2 clo、女性の事務服で約0.9～1.0 clo。

グローブ温度　周壁からの放射熱の影響を計るのに用いられるグローブ温度計によって測定された温度のこと。グローブ温度計とは、直径15cm（または7.5cm）の薄い銅板製の中空球体の中心に温度計を固定し密閉したもので、その場所の気温、周壁温度からの放射温度、気流による熱損失が平衡した温度が示されます。

黒球温　グローブ温度のこと。

頸椎後縦靱帯骨化症　頸椎とは首の骨のことで、7個の骨でできています。その中に脊柱管という穴が開いていて、その穴の中には脊髄という神経の束と、骨と骨をつなぐスジが通っています。これらが骨のように硬くなる病気を頸椎後縦靱帯骨化症といい、脊柱管が狭くなり、骨化したスジが脊髄を圧迫するため、さまざまな障害がおこります。

血圧調節能力　所定の範囲に血圧を調整する能力のこと。

血液粘度　血液の粘り気、流れ難さをいう。正確には、血液の流れの接線方向のずれ応力と速度勾配の比例定数のことをいいます。

血管拡張剤　血管を広げ、心臓への負担を軽くする薬のこと。

結露　空気中の水蒸気が低温において露が生じる現象のこと。

健康レベル　健康状態の程度や水準のこと。

建築基準法　建築物の敷地や構造、さらに建物の設備やその使い方に関して最低限の基準を定めて、人々の生命や健康、財産を守ることで公共の福祉を増進することを目的として作られた法律のこと。

高齢者介護施設　高齢者施設の中で要介護者が入所（入院）して介護サービスを受けられる施設を高齢者介護施設といい、介護老人福祉施設、介護老人保健施設、介護療養型医療施設の３種類があります。なお、介護老人福祉施設とは特別養護老人ホームのことで、常に介護を必要として在宅での介護が困難な要介護者が入所の対象となっています。また介護老人保健施設とは老人保健施設のことで、病状が安定期にあり長期入院の必要はないがリハビリや看護・介護が必要な要介護者が対象とされています。一方、介護療養型医療施設の入所対象者は、病状が安定している長期療養患者であって、常時医学的管理が必要な要介護者だが、密度の高い医学的管理や積極的なリハビリを必要とする者は対象から除かれています。

高齢者施設　高齢者施設には介護老人福祉施設、介護老人保健施設、介護療養型医療施設のほかに、ケアハウス、経費老人ホーム（A型およびB型）、グループホーム、有料老人ホームなどいくつかの施設があります。

呼吸器感染症　気管支などの気道や肺に病原となる微生物が付着し、増殖して炎症をおこし、せきやたんがでたり、発熱や呼吸困難などの症状をおこす病気のことをいいます。

呼吸器系　呼吸に関連した器官の集まりのこと。広い意味では外鼻、鼻腔、喉頭、気管、気管支、肺胞のことで、狭い意味では気管から肺までのことをいいます。

骨《こつ》粗《そ》鬆《しょう》症《しょう》　骨を形成する組織が吸収され少なくなることによって骨がもろくなった状態のこと。高齢者や閉経後の女性に多くみられます。

細胞内液　細胞内で代謝などの反応をおこす液のこと。人間は体重の50～70%が水分で形成され、そのうちの7割程度が細胞内液です。

産熱量　人が体内で発生させる熱の量であり、食物としてとった炭水化物などがからだの中で酸化する際に発生する熱のこと。

室外機・室内機　エアコンは温度の低いところから無理やり熱を奪い取り、温度の高いところにその熱を吐き出す機械で、冷房時には室内から熱を奪い取るための機械と熱を室外に吐き出す機械が必要になります。これらの機械を一つにまとめたエアコンもありますが、室内と室外それぞれ別の機械を用いるタイプのエアコンが一般的です。室外に設置する機械を室外機といい、室内に設置する機械を室内機といいます。

周囲気温　対象とする人やものの周りの温度のこと。

住宅建設五箇年計画　住宅政策の一つとして、1966年に制定された住宅建設計画法に基づき、I期5か年の目標を定め、効果的な建設促進を図ろうとする計画のこと。2001～2005年が第8期となる。

受療率　入院と外来で診察を受けている人を、人口10万人に対する割合で示したもの。

循環器系　酸素や栄養物などをからだの各組織に運ぶとともに、各組織からの老廃物を集めて、これらを運ぶ器官の集まりのこと。具体的には、心臓や血管、リンパ節、リンパ管などがあります。

省エネルギー　石油やガス、電力などのエネルギー資源となる物質について効率的に利用し、必要なエネルギー資源の量を削減すること。

上気道感染　鼻から肺の入り口までを上気道といいます。上気道がウイルスの感染を受けて炎症がおきると、鼻水や咳がでて風邪の症状が表れます。

除湿運転　エアコンには冷房運転や暖房運転のほかに、除湿運転ができるものがあります。除湿運転では空気の温度を下げることにより、空気中に存在できる水蒸気（水分）の量を減らし、空気中に存在できなくなった水蒸気を水に変えています。したがって除湿運転をするとエアコンの配管（ドレン配管）から水がでてきますが、これはもともと室内の空気に含まれていた水分です。

暑熱順化　暑い環境下で長期間生活していると、その暑さにからだが慣れ、生理的にも適応すること。

寝床内　布団や毛布などと人との間の空間のこと。

寝床内暖房　布団や毛布などと人との空間を暖めること。

随伴《ずいはん》症状　本来の症状につれて生じる症状のこと。

水分摂取量　飲料水や食物に含まれる水分など、外部から体内に取り込んだ水分量のこと。

静電気　たとえば摩擦によって発生する電気のように、

分布が時間的に変化しない電気や電気現象のこと。

生理的機能
人が生命を営むために必要なからだの働きや機能のこと。

設定温度
エアコンのリモコンなどで、設定した温度のこと。

蠕動運動《ぜんどううんどう》
腸管などで筋肉が収縮を繰り返し、内容物を送る運動のこと。

憎悪《ぞうあく》
症状がますます悪くなること。

ゾーン空調方式
建物をいくつかの区域に分け、それぞれの区域で別々に温度や湿度を調節する方式のこと。

体液量
身体内の液状成分を一般に体液といい、そのうちの40%は細胞内液、20%が細胞外液。細胞外液の内訳は間質液（15%）、血漿（４%）、リンパ、脳脊髄液、体腔内液など（１%）です。体液は体重の60%（女子は55%）を占めています。

体温調節機能
体温を一定の範囲に保つための調節機能のこと。たとえば、暑さに対しては汗をかいたりすることで体温を低下させたり、寒さに対しては皮膚の血管を収縮することで外の空気に奪われる熱の量を減らしたり、筋肉による運動を活発化することで体温を維持する機能のことをいいます。

体感温度　人が感じる暑さや寒さについての温度感覚を数量的に表したもの。いくつかの種類がありますが、普通は気温に風速、湿度や日射などを組み合わせて求めます。

体動　からだの動きのこと。

体内温　からだの表面の温度に対して、からだの内部の温度のこと。

脱水症　汗をかいたり、下痢をしたり、あるいは嘔吐することなどにより、からだの水分や電解質が多量に無くなってしまう症状をいいます。

断熱化　内部と外部との間で熱のやり取りがないようにすること。建物の場合、壁に厚い断熱材を挟んだり、ガラスを二重にすることなどによって熱を伝わりにくくします。

暖房効率　室内を暖める際に使った石油やガス・電気のも

っているエネルギーの量に対して、実際に暖めた熱量の比のことをいいます。

暖房設定温度　暖房の際に暖房器具で設定した温度のこと。

着衣量　着衣の保温力を表すときに用いられます。具体的にはクローという単位で表します。

中等度温熱環境　暑くも寒くもない温熱環境のこと。

中途覚醒　夜中に目が覚めて、その後に眠れなくなる状態のこと。

低温火傷　普通は熱いとすら感じない程度の熱に長時間皮膚がさらされることでおこる火傷のこと。

低湿環境　空気が乾燥して、湿度が低い環境条件のこと。

低体温症　体内温が35℃以下になる症状のこと。

糖尿病　持続的に血糖が高い状態が続き、尿中へ糖が排出されることを特徴とする症候群のこと。

ドラフト感　室内での気流を不快と感じるときに使われる言葉。空調機器からの冷風や冬季のすきま風などがドラフト感を引きおこします。

二酸化炭素濃度　大気中には0.03%含まれており、ビル管理法では、室内の許容限界濃度を0.1%と定めています。

日射病　長時間にわたって、強い直射日光をからだに受けたことによりおこる病気のこと。

日射防止　強い日射にさらされないようにすること。

入浴死　入浴中に浴槽内で滑ってつかまれずに溺れたり、急性心筋梗塞などで死に至るケースのこと。

認知症　生活や学習を通して獲得された知能が、後天的に生じた大脳の障害のために徐々に低下する状態のこと。

熱けいれん　暑い環境のもとで汗を大量にかくことで、体内の電解質が失われたのにもかかわらず、水分のみを補給したため、筋肉の痛みを伴ったけいれんが生じることをいいます。

熱交換器　熱を交換する機能がある装置のこと。通常、エアコンやファンコイルでは、銅の管にフィンと呼ばれる薄いアルミの板がたくさん付いています。この管の中を冬は暖められた液体が、夏は冷やされた液体が流れ、管の外側を流れる空気に熱を伝えます。

熱失神　高温に慣れていない人が、高温の環境や直射日光を浴びるなどして皮膚の血管が広がり、起立性の低血圧をおこした状態のこと。

熱射病　温度や湿度が高い場所に長時間いることで、からだからの熱の放散が十分行えないときにおこる病気のこと。

熱疲労　発汗のため身体の水分が大量に失われることで脱水状態になると、からだが熱を発散しようとして皮膚の血管を広げようとしますが、その結果、体内を循環する血液量が不足しておこる症状をいいます。

脳梗塞　脳の血管がつまり、その先に血液が流れなくなる疾患。

排気ガス　ストーブやファンヒータなどで燃料を燃やした際に排出されるガスのこと。

肺気腫　気管支より奥の呼吸細気管支と呼ばれる部分と肺胞が異常に拡張して、破壊される疾患。

肺実質　空気で満たされた肺の内腔のこと。細菌などの微生物によって肺実質に炎症がおきた状態を肺炎といいます。

廃用（性）症候群　使われない心身の機能が急速に衰えることで、再び使うことができなくなる状態のこと。

発汗　汗をかくこと。

ヒートショック　急激な温度の変化がからだに及ぼす影響のこと。

ヒートポンプ　温度の低いところから熱を無理やり奪い、温度の高いところに熱を吐き出す装置や作用のこと。

微気流　空気の速度が非常に低く、弱い風の流れのこと。

皮膚血管収縮反応　皮膚にある血管が収縮することで血液の流れを少なくすること。皮膚の血液の流れが少なくなると、体外に逃げる熱の量を少なくし、低温を維持しやすくなります。

皮《ひ》膚《ふ》掻痒《そうよう》症《しょう》　肉眼的には明らかな皮膚症状がないのに皮膚が

かゆくなる症状。高齢者では皮膚が乾燥してかゆみを感じることが多くあり、乾皮症、皮脂減少性皮膚炎などと呼ばれることもありますが、皮膚掻痒症との境界は明らかではありません。

表面温度　人や物の表面の温度のこと。

ビル管理法　正式名称は、「建築物における衛生的環境の確保に関する法律」。この中で建物の内部など人工的に作られた環境の中で、人の健康を守るための一定の環境基準を示しています。

風量　風の量のこと。エアコンやファンヒータなど冷やしたり暖めたりした空気を室内に吹き出して冷房や暖房を行う機器では室内に吹き出す風量を吹出風量といいます。

風量調節　風量を所定の値に整えること。

不完全燃焼　石油やガスなどの可燃性の物質が酸素が不十分な状態で燃えること。

複層ガラス　ガラスとガラスの間に空気層（乾燥空気）を設け、断熱性能を高めたガラスのこと。

不凍液　凍り付くことを防ぐために用いる液体のこと。

平均皮膚温　体表をいくつかの部位に分けて、その部位の平均的皮膚温を示すとされる代表点の皮膚温を測定し、体表面積の比率による重み付けをし、算出します。なお、部位の分け方、代表点の選び方、重み付けの方法は研究者によって異なり、いくつかの方法が提案されています。

平均放射温度　観測している地点に面する全ての面の表面からの放射温度を面積平均した温度のこと。

変形性膝関節症　膝関節のクッションである軟骨のすり減りや筋力の低下が要因となって、膝の関節に炎症がおきたり、変形したりして痛みが生じる病気。中高年に多い病気で、特に女性に多いのが特徴。

放射熱　雲間から太陽が顔を出すとたちまちからだが温まるように、光や赤外線などの電磁波として伝わる熱のこと。

マイナスイオン　空気中に放出された電子が空気中の酸素分子と結合して負（マイナス）の電荷を帯びたもののこと。

マルチエアコン　室外機１台に対して複数の室内機が接続されているエアコンのこと。

メット　人の代謝量を表す単位であり、熱的に快適な状態における安静時の代謝料を基準として１met としています。したがって、運動量や作業量が増えて代謝が増大するほどメット値も増加します。一般に、椅座状態で約0.7～1.0 met、軽作業で約1.0～1.5 met、重作業で約1.5～2.5 met。

誘導居住水準　住宅建設五箇年計画の目標となっている居住水準の一つ。全体の半数の世帯が達成できる目標として設定し、一般型と都市居住型の２種の誘導居住水準があります。また、もう一つの居住水準は最低居住水準で、全世帯が達成できることを目標としています。

ライフサイクル　誕生してから死に至るまでの一生のこと。

冷受容器　冷たさを感じる皮膚の神経末端器官のこと。皮膚1cm^{2}に約14個の割合であるとされています。

労働安全衛生基準　安全で衛生的な就業環境をつくることで、負傷、病気、死亡の危険から労働者を守るための基準。

第1章

高齢者の生活と環境

1 高齢化の現状

以前は60歳以上が高齢者とされましたが、現在では一般に65歳以上が高齢者であると考えられています。65歳以上の高齢者が人口全体に占める比率が７％を超えた社会は「高齢化社会」、また、その比率が14％を超えた社会は「高齢社会」と呼ばれています。現在わが国において高齢化が急速に進行しつつあることは広く知られていますが、人口全体に占める高齢者の比率は1995年８月の時点で14％を超え、すでに「高齢社会」の国の仲間入りをしています。日本および欧米の先進各国における人口高齢化（「高齢化社会」の7％から「高齢社会」の14％への移行）に要した年数を示したものが**図１**です[1)]。欧米の主要各国と比較すると、フランスではすでに1860年代に７％となっており、そこから14％に達するまで125年を要しています。それに対し日本は７％になったのが1970年と遅かったものの、線の勾配からも見てとれるように、わずか25年で14％に

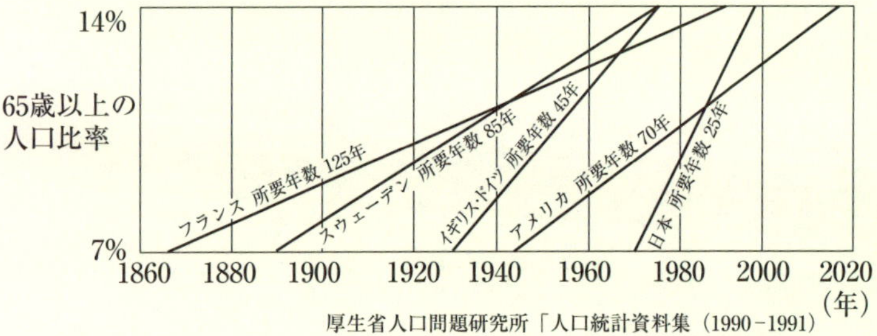

厚生省人口問題研究所「人口統計資料集（1990－1991）
U.N「世界人口年鑑」1988、国連世界人口推計 1992

図１　高齢者の人口比率が７％から14％になるのに要した年数

達しました。このように日本は世界でもまれにみる速さで高齢社会に移行したことがわかります。

わが国におけるこのような急激な高齢化の進行は、今後どのようになっていくのでしょうか。高齢者人口比率の今後の推移を国立社会保障人口問題研究所が推計した結果が**図 2** です。高齢者の人口比率は2020年までは急速に増加し、その後は安定的に推移すると見込まれていますが、2050年には35%に達すると予想されています[2)]。

高齢社会における諸問題を考える場合、高齢者が総人口に占める比率も重要ですが、同時に、高齢者の中における年齢構成も重要な要素となります。なぜなら、高齢者のからだの形態や機能は、高齢になればなるほど急激に大きく変化してしまうからです。臓器や免疫など生理的機能は著しく衰え、健康レベルも低下し、それにより、癌、糖尿病、心筋梗塞、脳梗塞などのさまざまな疾病が増加し、受療率も高くなります。

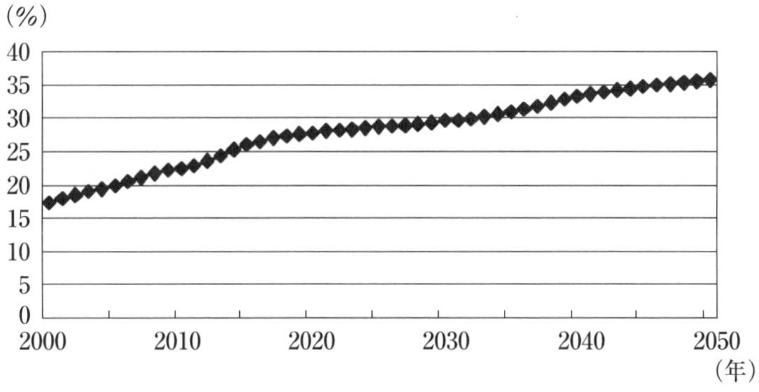

図 2　65歳以上の高齢者が全人口に占める割合

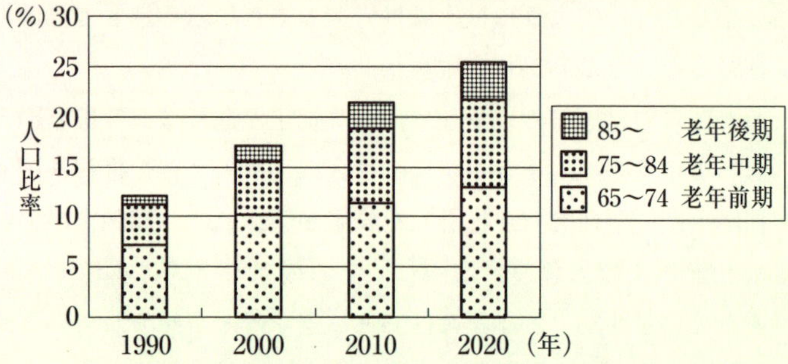

図3　65歳以上の高齢者が全人口に占める割合

また、それだけではなく、エネルギー代謝機能の低下や恒常性を維持できる調整範囲の幅も狭くなることが指摘されています。さらに環境に適応するために必要な体温調節機能なども大きく低下するため、高齢になるほど環境から受ける影響もより大きなものとなります。このように高齢者の中でも、さらに年齢による影響の差異が大きいことから、65歳以上を高齢者とした大まかな区分では十分とはいえなくなっています。最近では高齢者の年齢をさらに細かく区分し、65〜74歳「老年前期」、75〜84歳「老年中期」、85歳以上「老年後期」の三群に分類して議論されることが多くなってきました。**図3**は人口問題研究所がこのような三群について行った人口比率別の将来推計を示したものです。高齢者の総人口に占める比率が増加するのに伴って、「老年中期」や「老年後期」などの後期高齢者の比率がそれ以上に増加していくものと予想されています。このことは、後にも述べるように高齢者に対する一層の介護・支援が必要となり、医療・福祉に対する社会的負担がさらに増大することを意味しています。現行の医療・福祉制度や諸施設のあり方に対する深刻な問題提起であり、早急な対策が望まれるところです。

2 長くなる老年期

近年わが国では、長寿化、少子化、小家族化などが進行することによって国民のライフサイクルもまた大きく変化していることが指摘されています。**図 4** は大正 9 年と平成 3 年における平均的な日本人女性のライフサイクルについて比較したものです。長寿化の進行に伴って老後の期間は著しく伸長していることがわかります[3)]。加齢によってからだの諸機能が次第に衰えていく中で、伸長していく老年期をどれほど楽しく、充実して生きることができるかということが、今後ますます重要な社会的問題となっていくことでしょう。

この高齢期の問題を考えていくうえで忘れてはならない重要なポイントがあります。それは、なによりも病気に罹患せず健康に加齢していくということです。

図 5 は厚生労働省の「患者調査」において公表されている平成11年度の各年代別受療率を示したものです[4)]。外来では加齢とともに受療率が増加し、75～79歳がピークで、約15,000人にもなっています。また、入院では75歳を超えると増加し、85歳以上では60歳代の 4 倍以上にもなっています。

図 6 は厚生労働省が平成14年度に調査した高齢者の外来・入院の疾患内容について示したものです[4)]。外来ではどの年代でも高血圧性疾患や脊椎障害などが多く、中でも75歳以上の女性の高血圧性疾患の受療率が高くなっています。また、入院では男女とも75歳以上

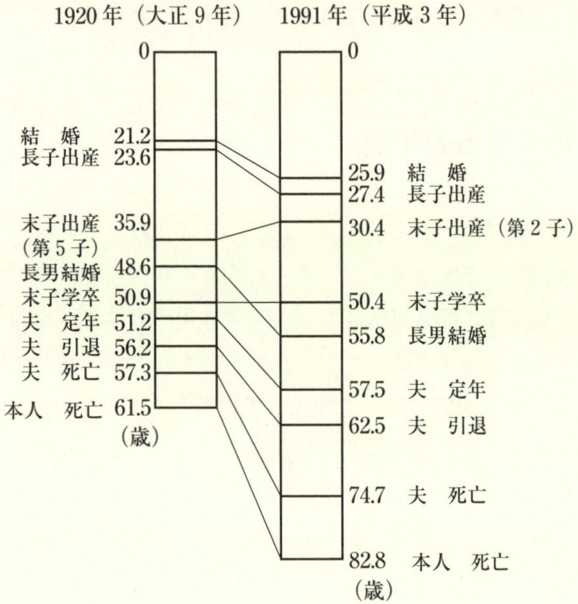

図4　日本人女性のライフサイクルの変遷

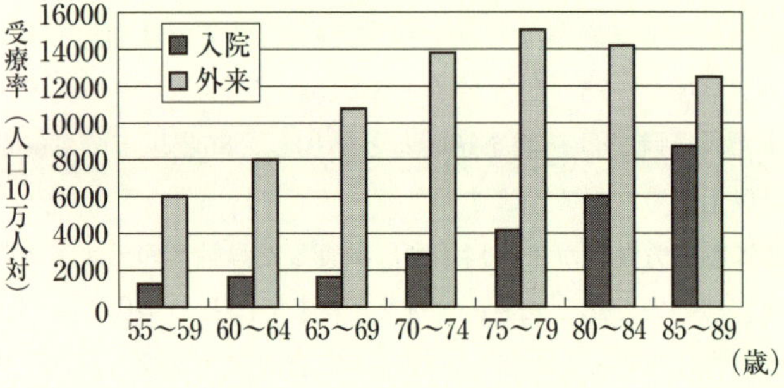

図5　主な年代における受療率

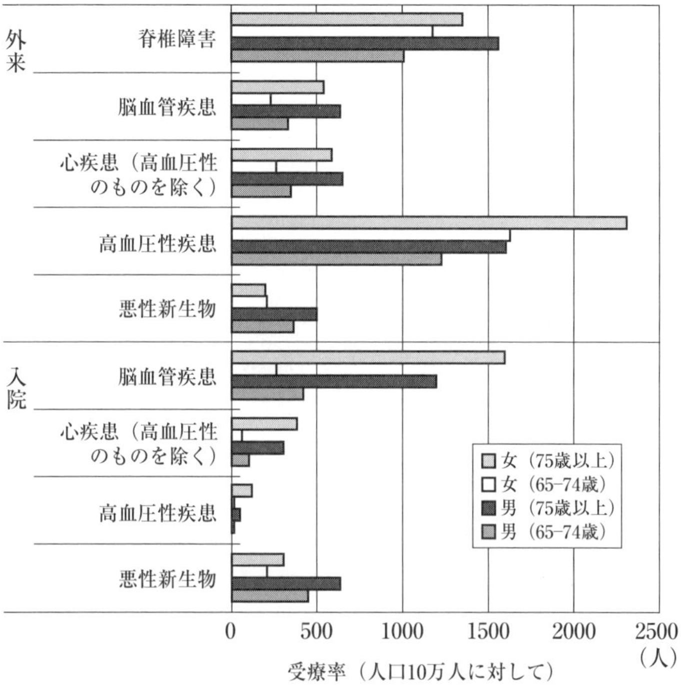

図６　高齢者の外来・入院の受療率が高い傷病

が多く、脳血管疾患の受療率が最も高くなっています。これらの疾患には大変大きな個体差があり、遺伝的素因だけでなく、生活習慣的な素因も大きく関与していることが知られています。高齢期を健康に暮らすためには、若いうちから老後の健康に留意した取り組みが必要です。病気の少ない加齢はsuccessful aging（サクセスフル・エイジング）と呼ばれており、健康な加齢という理想に向けた社会的取り組みが進められているところですが、まだまだ十分とはいえず、その取り組みは一段と強められる必要があるでしょう。

③ 高齢者の生活と環境

加齢に伴う体力・諸機能の衰えや疾患の増大などに対しては、高齢者を支援・介護する体制が必要になってきます。支援・介護の主力ということになると、まず高齢者に最も身近である家族・親族が考えられます。しかし、「国民生活基礎調査」（平成９年）によれば、わが国における高齢者が子供と同居する世帯は、**図７**のように1980年から2000年までの20年間に69％から49.1％へと約20％も低下しています。一方で高齢者夫婦のみの世帯は、19.6％から33.1％へ、また、高齢者のひとり暮らしは8.5％から14.1％へと増加しています。このように小家族化が確実に進行していることから、身近な家族・親族による支援・介護がますます難しい状況になっていることがわかります[4]。

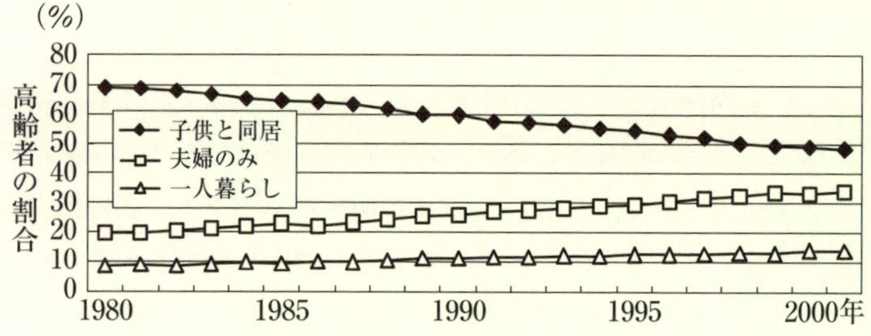

図７　家族形態別に見た高齢者の割合

では、在宅の要介護の高齢者はどのような状態なのでしょうか。**図 8** は在宅の要介護の高齢者に関して厚生省が平成10年に調査した「国民生活基礎調査」の結果をもとに示したものです[4]。寝たきりの比率が高齢になるほど急激に上昇しています。訪問介護、通所介護、居宅サービスなどの社会的介護・支援体制のさらなる充実が求められていることがわかります。また、在宅での生活が困難になり、各種の施設に入所する人が増加してきています。**図 9** は厚生労働省による平成12年度の「介護サービス施設・事業所調査」における、各種の介護施設に入所している高齢者の人口千人に対する比率に関する調査結果を示したものです。85歳を超えると介護施設に入所す

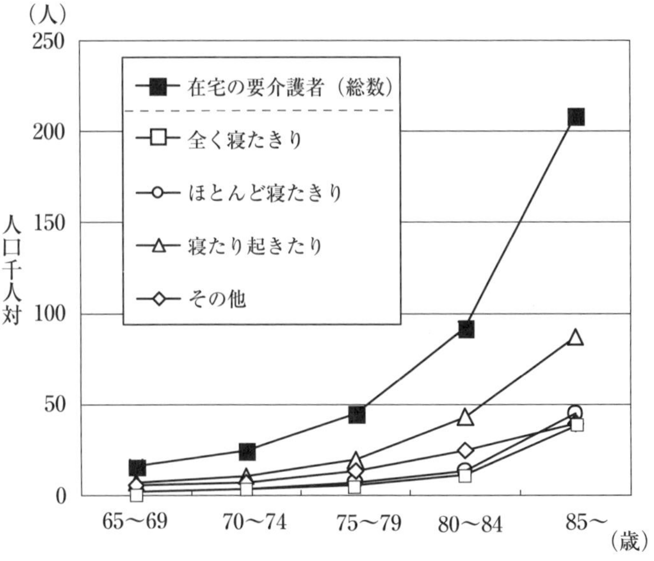

図 8　在宅の要介護の高齢者比率

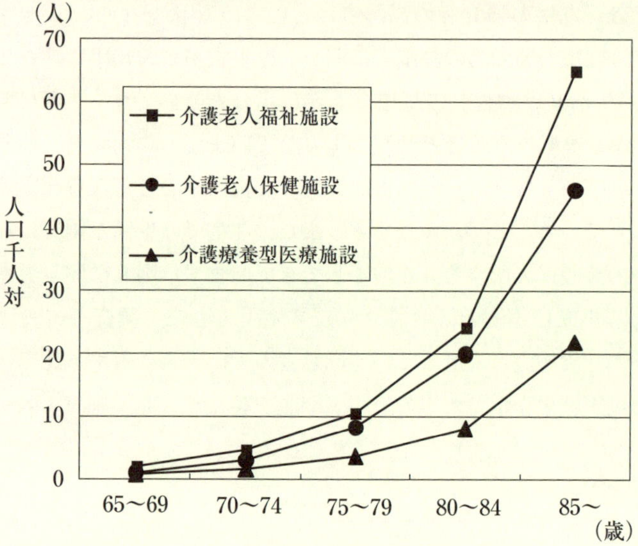

図9　介護施設の高齢者比率

る高齢者が急増していることがわかります。

しかし、内閣府の「高齢者の住宅と生活環境に関する意識調査」（平成13年）によると、虚弱化したときに望む居住形態として、「現在の住宅にそのまま住み続ける」、「現在の住宅を改造して住みやすくする」を希望する高齢者も多く（**図10**）、その場合には高齢者が望んでいる住宅が高齢者にとって適切なものであるかどうかが問題となります。

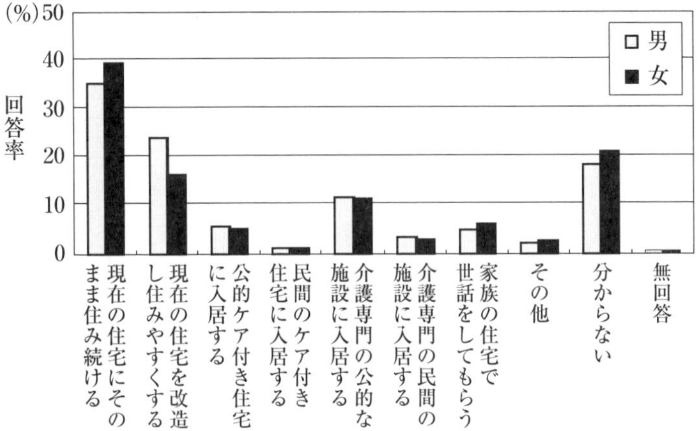

図10　虚弱化したときに望む居住形態（複数回答）

4 高齢者の住まいの環境

高齢者だけが住む住宅数がこれからも増加していくことを考えると、それら住宅の水準がどの程度であるかということは生活するうえで大変重要な問題となります。総務庁が平成10年に実施した「住宅・土地統計調査」から、現状の高齢者住宅の持ち家と借家について「住宅建設五箇年計画」に定められた居住水準である「誘導居住水準」と照らし合わせて評価した結果が**図11**です[4)]。この「誘導居住水準」は主に居室の広さを対象とし、半数の世帯が達成するために規定された最低水準ですが、この基準にすら達していない住宅も多く、特に借家では、持ち家と比べて水準以下の住宅がかなり存在

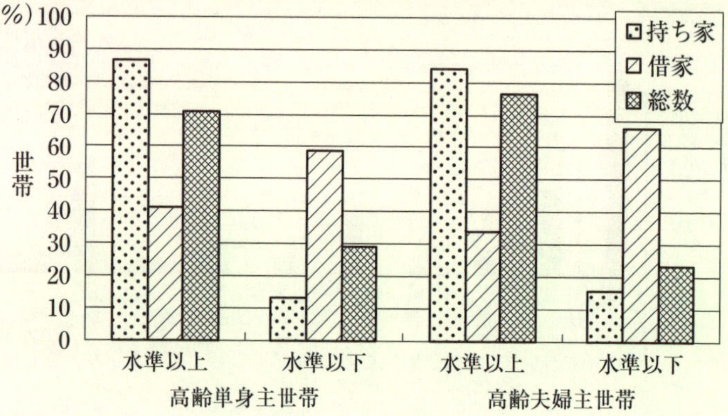

＊誘導居住水準（都市居住型、一般型）
・中高齢単身世帯については、食事室兼台所の規模を、13m^2（８畳）とし、高齢者同居世帯については、高齢者専用に居間を確保することとし、その規模は、10m^2（６畳）とする。

図11　高齢者世帯の誘導居住水準

し、また、高齢夫婦が主となる世帯でもやや高くなっていることがわかります。高齢者が生活するうえで必要な居室面積についても決して十分に確保されているわけではないといえるでしょう。

また、高齢者は家庭内において不慮の事故で死亡するケースが多くなっています（**図12**）。住宅の構造が大きな原因となる同一平面上での転倒による死亡、そして浴槽内での溺死と溺水では65歳以上の人が年間3000人以上亡くなっています。

一方、このような住宅事情に関する高齢者の意識について見てみましょう。平成13年度に内閣府が60歳以上の男女を対象に実施した「高齢者の住宅と生活環境に関する意識調査」の結果によれば、「住宅で困っていること」に関する質問に対し、63.7%が「何も問題はない」と回答しています。そして、「困ったこと」として、使

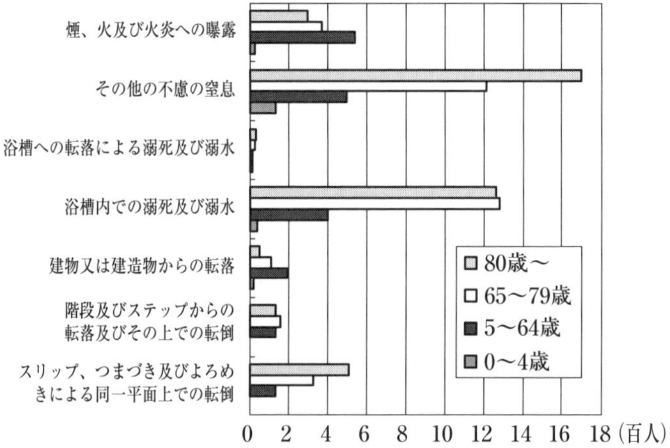

図12　家庭内における主な不慮の事故の種類別にみた年齢別死亡数（平成14年）

いにくさにかかわる項目をあげ（**図13**）、また、「将来改造したい構造・設備」としては手すりの設置や段差解消に関する項目を多くあげています（**図14**）[4]。

しかしながら、その訴えの内訳を見ると、現状の「困ったこと」の項目の中に重要であるはずの温熱環境に関する項目がまったくあげられていません。また、将来改造したい構造・設備についても、浴室とトイレに暖房装置をつけたいという希望がそれぞれ8.6%、7.7%ある程度にすぎません。このことから、高齢者は温熱環境についてあまり意識していないか、贅沢な希望と考えているのかもしれません。

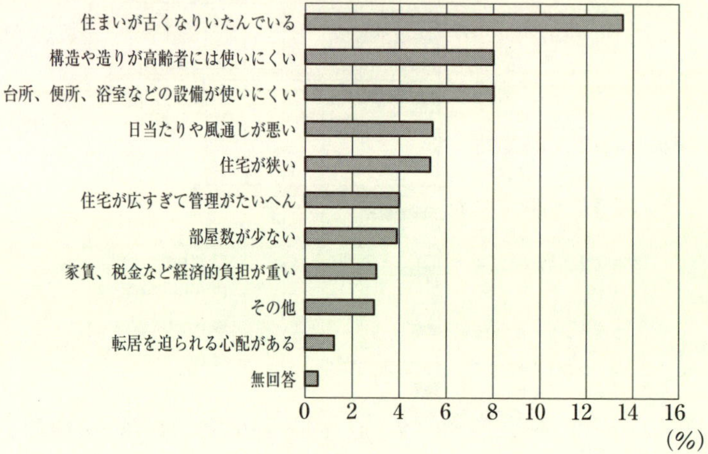

図13　高齢者の住宅で困っていること

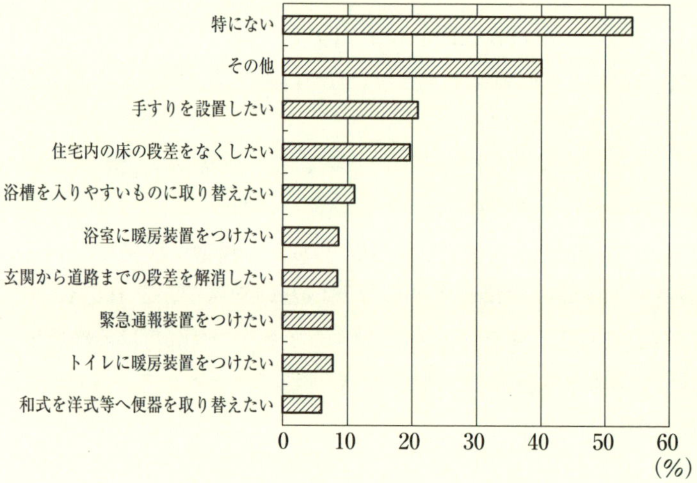

図14　将来改造したい構造・設備（複数回答）

コラム 1
高齢者の冬季入浴は危険がいっぱい

入浴中および入浴後の死亡者数をご存知だろうか？東京都の調査から推定すると、年間14,000人にも達するとされている。この数字は交通事故による年間死亡数を上回る。入浴死は12月～2月までの冬季に多く、しかも高齢者の死亡が8割を占めている。冬季入浴に伴う血圧変動の典型例を図に示した。脱衣室や浴室は暖房されることが少ないため、暖かい居間から、裸になり寒さにさらされると血圧が急上昇する。そのうえ、熱い湯に浸かると血圧は、驚愕反射により再上昇し脳出血を発症しかねない。さらには、冬季の風呂は熱い湯が好まれ、肩までお湯につかることが多いが、温熱効果により皮膚血管が拡張して血圧が逆に低下する。温まって発汗により脱水が生じると、血液粘度が増し心筋梗塞や脳梗塞をおこしやすくなる。また、浴槽からでるために急に立ち上がると、血圧が急速に再低下し、失神することもある。循環機能が低下し、血圧調節能力が劣る高齢者では、こうした症状が発症しやすい。主要国の溺死率（ほとんどが入浴死による）を比較すると、明らかにわが国の溺死率は高く、特に75歳以上の後期高齢者の死亡率は20倍近く高い。高齢者がいかに危険な入浴を行っているかがうかがえる。入浴死を防ぐには、浴室・脱衣室の室温を上げること、すなわち暖房が不可欠である。従来の日本の住宅では、長時間滞在する居間や寝室に暖房が限られていたが、高齢社会を迎えた現在、浴室やトイレなど小空間の設備にも注目すべきであろう。

（栃原）

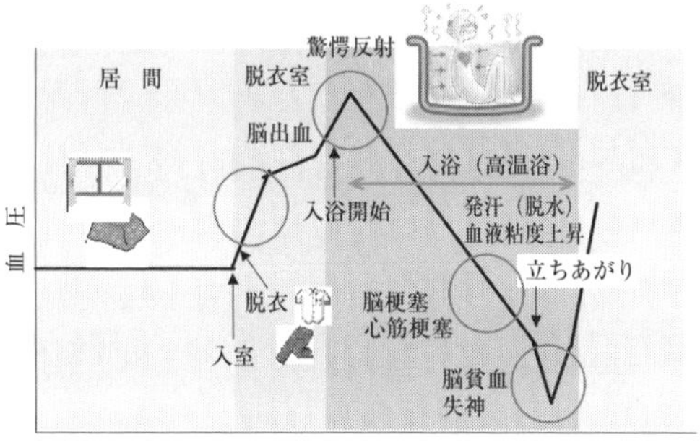

第2章

高齢者のからだの変化

① 老人らしさ

まだ高齢期の年齢に達していない俳優が、顔にしわとたるみがでる特殊メイクをし、姿勢や歩き方なども老人らしく演じているのをテレビや映画でみることがあります。これは、加齢によるからだの変化の一部を表現しているのです。

このように、加齢によってさまざまな生理機能が変化します。たとえば、実質細胞や細胞内液が減ることによる肝臓、脾臓などの臓器重量の減少、肺活量や基礎代謝率などの生理機能の低下があげられます。こうした生理機能の変化は人の外観や容貌の変化となって現れ、“老人らしさ”として私たちが目にすることになります。

しかし、すべての臓器や組織が同時に低下せずに、ばらつきがあるのです。このような老化の進み方は、人によって出現する時期や変化の程度に差があるため、同じ70歳でも若い印象を受ける人と、年齢が少し高いような印象を受ける人がいるということになります。

② 老化による一般的なからだの変化

加齢によるからだの変化には当然のように個人差があります。以下に老化の一般的な傾向をまとめました。

(1) 皮膚の老化

皮膚の弾力性やハリの状態には、皮下脂肪やコラーゲンの量が関係しています。加齢とともにこれらの量が減少していき、ハリを失い、しわやたるみがでてきます。また、皮膚が薄く、乾燥しやすくなるので、少しの外力でも傷つきやすくなり、また治るのに時間がかかるようになります。高齢者に皮膚掻痒症が多いのはこのような皮膚の老化が関係しています。

(2) 感覚系の老化

A. 皮膚の感覚

皮膚の感覚には、温度感覚、触覚、振動感覚、痛覚などがあります。加齢とともにこの感覚が低下してきます。

気温の変化に対する感覚が鈍くなるため、それに対応した衣服の調節ができにくくなってきます。たとえば、夏の涼しい朝の温度環境に合わせた衣服を着たまま、日中の猛暑の中でも過ごしてしまっているという状況です。また、汗もでにくくなってきますので、急に体温が上昇し、熱中症に陥りやすくなります。

さらに、痛覚が低下していると、腹痛などがあったとしても自覚するまでに時間がかかり、状態が悪くなることが心配されます。

B. 視覚

私たちは外からの情報の80%を視覚によって得ているといわれています。その視覚にも加齢による変化が現れてきます。40歳頃から老視（老眼）が現れ始め、眼のかすみ等の症状がでてきます。これは、眼球（水晶体）を取り巻く筋肉の調節力の低下によって遠近の感度が低下するためです。70歳以上になるとこの調節力がかなり低下した状態になります。

また、水晶体の混濁は、見ようとするものの色によっては正確に識別できにくくなります。特に青や紫の識別ができにくく、またコントラストの感度も低下し、ものがかすんで見えにくくなってきます。このような症状が進行した白内障は、視力障害以外にも明暗がわかりにくくなり、淡い色や暗い場所での判別が難しくなります。

以上のような視覚の老化は、読書やテレビを見たりするときの障害になったり、住宅内の小さな段差の確認ができにくくなり、先に述べた住宅内での不慮の事故の要因にもなっています。

C. 聴覚

人の聴覚は低音域と高音域の音が聞こえにくく、加齢によって特に高音域（1,500〜4,000 Hz周辺）の聴力が低下してきます。また、耳栓をしたときのように、音がこもったような聞こえ方で明瞭性が低下してきます。たとえば、テレビの音が聞こえにくくなるため、ボリュームを上げ、他の家族が困るというようなこともあります。

そして、聞き逃しや聞き違いが多くなることで、話すことに消極的になったり、会話を面倒だと考えたりします。こうして、人とのかかわりが疎遠になり、うつ病のきっかけになることもあります。

(3) 骨・関節の老化

加齢により骨を構成するカルシウムなどのミネラル成分を吸収する能力が低下してきます。骨密度の減少とよくいわれていますが、骨量・骨の粘度が減少し、骨がスカスカになる病気を骨粗鬆症といいます。

女性の場合、一般的に更年期に入ると丈夫な骨の維持を助ける役割をもつ女性ホルモンの分泌が急激に減少します。そのため更年期を過ぎると骨密度が急激に減少しやすくなります。

骨がもろくなると、ちょっとつまずいて転んだだけでも骨折しやすくなり、転落よりも転倒による高齢者の死亡人数が多いことにも関係しています。いろいろなところで段差解消や手すりの設置などのバリアフリー設計がなされるのは、この転倒防止という目的もあります。

変形性関節症とは、関節内で潤滑油の働きをする滑液の減少によって、関節軟骨の弾力の喪失、すり減り、関節が変形する病気です。

また、肩や膝なども関節、軟骨の老化により炎症や痛みを生じやすくなり、関節の可動域も減少し、棚の上や下のものが取りにくくなるなど日常の行動の不自由さがでてきます。

以上の症状から、腰痛症、関節痛を訴える人が増加し、背中が丸くなる人も多くなっていくのです。

コラム 2
廃用(性)症候群

病気やけがをしたときは、治療に伴う安静が必要ですが、同時にマイナス面もあります。高齢者の場合、1日の安静による体力低下の回復に1週間、1週間の安静に対しては1カ月かかるといわれています。したがって、寝てばかりいると筋力の低下、骨の萎縮、循環器機能の低下、意欲の減退や記憶力の低下など多くの弊害がでてきます。このような症状を廃用(性)症候群といっています。

予防と治療のためには、必要以上に安静にしないよう、できるだけ早く体を動かすことが重要です。また、冬季に住宅内で温度差があると暖房室に滞在する時間が長くなり、活動度が極端に低下しますので、住宅内での活動度を損なわないよう環境を整えることも大切です。

(五十嵐)

(4) 筋力・筋肉の老化

筋肉の消耗や筋力の低下は通常30歳から表れます。筋肉量は成人では体重の30%を占めますが、75歳では15%程度に低下します。この筋肉量の半減は筋繊維の数と大きさの減少により生じるもので筋肉萎縮といいます。筋肉萎縮は筋力と持久力が低下し、疲労感を覚えることが多く、疲労回復にも時間がかかるようになります。

また、ベッドで寝たままの期間が長くなると筋肉萎縮をおこし、炎症炎症１日約1.5%の割合で筋肉量・筋力を失い、関節拘縮もきたしやすくなります。このことから、リハビリの大切さがいわれています。

(5) 消化器系の老化

歯の脱落や口腔、咽頭周囲の筋力の低下は食べ物を噛んだりする力の低下となり、消化器系への影響だけでなく、食事の満足度にも影響してきます。

唾液や消化液の減少は、食物の消化時間を延長し、運動の低下も加わって便秘になりやすく、一方、消化不良がもとで下痢もおこしやすくなります。

また、この消化液の分泌機能の低下により口腔内が乾燥しやすく、萎縮性胃炎や胃潰瘍などの症状が現れやすくなります。

(6) 呼吸器系の老化

軽い運動でもすぐ息切れが表れます。これは呼吸に関与する筋肉や肺の弾力性が低下することによって肺活量が減少し、体内に必要な酸素量がうまく取り込めなくなることによって生じます。

気管支粘膜の繊毛運動の低下は痰の喀出が困難になるため肺炎になりやすく、生命の危機に陥ることもあります。

慢性的な呼吸器疾患は心臓・肝臓・腎臓にも影響を及ぼします。

(7) 循環器系の老化

加齢によって血管壁の弾力性が低下し、動脈硬化が進んできます。そのため血管内空が狭くなり、血圧の上昇や血栓をおこしやすくなります。心臓の栄養血管である冠状動脈の硬化・狭窄は、虚血性心疾患や脳梗塞をおこしやすくします。

高齢者では、過度の運動などで心臓や血管に負荷やストレスを受けやすく、糖尿病などの全身疾患の影響を受けると狭心症・心筋梗塞・脳出血等をおこしやすくなります。

(8) 腎・尿路系の老化

頻尿や尿失禁などの排尿障害が加齢によっておきやすくなります。これは、膀胱の収縮力や尿道周囲の筋力が低下するためで、尿のコントロールがうまくできなくなることによって生じます。

また、加齢とともに尿を濃縮したり希釈したりする機能も低下し、体内の老廃物の排出が悪くなってきます。

男性の場合、前立腺肥大が原因で尿路の通過障害、排尿障害として頻尿・残尿・排尿困難等が生じます。

(9) 脳・神経系の老化

脳の容量は80歳代では20歳代の80～90％まで減少します。これは大脳の新皮質の神経細胞の萎縮・脱落によって生じ、記憶力・記銘力等の低下が表れます。重度の場合は認知症となります。

脳萎縮の多くは人間らしさをつかさどる大脳皮質（前頭葉、側頭葉）に障害をきたし、判断力障害をはじめ、失認・失行・失語などの症状が現れます。

運動系の調節をつかさどる小脳や脳内の黒質の萎縮は、姿勢保持や歩行に障害が現れ、手足の震え、無表情、身体が勝手に動くなどのパーキンソン様症状がみられるようになります。

また、脳動脈硬化によって脳の血流が不十分になると、発熱や軽度の脱水でも容易に意識障害をおこします。夜間にトイレに行く回数が多くなるのを心配して、寝る前に水分の補給を控える高齢者がいますが、脱水症状が表れる危険性がありますので注意が必要です。

コラム 3

寝つきの良し悪しは、目覚めの気分に影響

寝つきのよかった日は起床時の気分が爽快で日中も活動的になりますが、寝つきが悪かった日は何となく寝不足気味でからだのだるさが残ります。早く寝ついたときは体内温（コア温）の下降がスムーズで睡眠の前半に深い眠りが得られ、この時期にエネルギーの再生産と蓄積が行われ、睡眠後半にはレム睡眠が主体となって出現し、主にストレスの修復が行われます。寝つきがよいと一夜を通じて正常な睡眠パターンが得られやすく、寝つきをよくすることは、質のよい睡眠をとるうえで大切です。

（梁瀬）

コラム 4
寝つきを良くするコツ

その1．昼間は活発に動く

昼間、活発に活動してコア温を37℃前後の高めに保っておくと、夜間に体温の低下幅が大きくなり、より安静な状態が保たれて深い眠りが得られます。高齢者の日中活動量と眠りの深さに関する多くの研究で、このことが実証されています。快適な眠りが得られるためには、外的因子としての環境を整えることも大切ですが、まず内面からの積極的な対応を考えることが必要です。

（梁瀬）

その2．冬は足温、夏は足冷

人間のからだは夜になると体温のセットポイントが下がり、昼間より0.5～1.0℃程度低くなるという生理的なメカニズムが働きます。睡眠に入ると熱産生が抑えられて体内の余分な熱が末梢血管を通じて外部に放出され、より安静な状態になります。このとき、寝室や蒲団の中が冷えているとその冷刺激が脳に伝わり、末梢血管も収縮して体温の放出を防止する機序が働きます。寝室や寝具を予め加温しておいて末梢血管の拡張を促すようにすることが早く放熱させてコア温を下げ、入眠を早めるのに効果的です。一方、夏期の高温環境下では、足が火照って寝つけないことがしばしばあります。寝室の気温が28℃以上になると皮膚温との差が少なくなり、熱放散が妨げられて体温の下降が遅くなります。このような場合は、逆にクーラーで一時的に気温を下げるか、ごくゆるい微気流（空気の動きがやっと感じられる程度）を足部にあてて皮膚表面からの熱を奪うようにするのが効果的です。クーラーではエネルギー消費量が多くなるうえに冷えすぎによる寝冷えの心配もあるので、微気流を足部にあてるほうが省エネにもなりからだへの影響も少ないのです。

また、夏季の高温環境では湿度の睡眠に及ぼす影響が大きく、特に湿度と起床時刻の間には高い相関関係（r＝−0.86）が認められ、高湿になるほど目覚めが早くなります。さらに、温度は体動（寝返りなど）増加の原因（r＝0.8）を来し、体動が多くなると一時的に眠りが浅くなります。高温高湿は眠りの質を低下させ、睡眠時間も短縮させることになるので、夏季の寝室の温熱環境管理には十分気をつけることが大切です。

（梁瀬）

第3章

温熱環境の高齢者への影響

1 温熱環境による健康障害

表1は問題のある温熱環境下において、さまざまな身体属性の高齢者や障害者におこりうる温熱障害について一覧表としてまとめたものです。温度のみならず湿度もまた重要な環境要素であること、また、温熱に起因する障害は合併症などの諸症状として、その影響は多岐にわたっていることがわかります。

高齢者の身体機能における重要な特徴の一つとしてあげられるのが、恒常性を維持できる範囲の幅が狭いことであり、その傾向は高齢であるほど著しくなります。それはとりもなおさず、環境の変化に対する恒常性維持機能が低下し、さまざまな病気や障害を抱える高齢者にとって、高温あるいは低温の環境下におかれると、体温調節や温冷感にかかわる障害をはじめとして、持病や障害を悪化させる可能性がきわめて高くなるということです。特に、高齢者は**図6**（P29）にあるように、高血圧、脳血管・心疾患などの循環器系にかかわる疾患が多くなるため、不適切な温熱環境は循環器系などに対して直接的に影響を与える重要な項目になりうるのです。しかし、高齢者は温熱環境に対する感覚・知覚の感度低下や遅延によってなかなか自覚されにくくなったり、また、冷暖房を贅沢と考えたり、エアコンのドラフト感を不自然なものとして嫌う傾向も強く、冷暖房が本当に必要とされるような場合ですら使用を控えてしまうことも多々あるようです。

図15は人口動態統計（1955–1983年）における「死亡率の季節による変動の調査」の結果を示したものです[5)]。気温が10℃以下、あ

表1　温熱環境と障害

温熱障害の区分	障害の内容	温熱環境	該当障害種
体温調節障害	発汗障害	高温	脊髄損傷、 ハンセン氏病
	産熱量過大 （運動性）	高温	脳性まひ
	産熱量過大 （内因性）	高温	バセドー氏病
	血管調節障害 （過放熱）	低温、気流過大	脊髄損傷
温冷感障害	温冷感まひ	危険温	脊髄損傷、 ハンセン氏病
	温冷感異常 （冷えなど）	低温	ポリオなど
他障害の憎悪	まひ・疼痛の 憎悪	低温・多湿	脳性まひ、脊髄損傷、慢性関節リューマチなど
	腎機能への影響	低温	慢性腎炎、高血圧など
	梗塞性発作	低温・高温変動	心筋梗塞、脳梗塞など
	血圧への影響	低温・高温変動	高血圧性各障害
	呼吸機能の低下	低温・乾燥	喘息、脳性まひ
	頻尿 （対排尿障害）	低温	脊髄損傷など
他障害への負担	厚着 （対運動障害）	低温	各運動まひ
	下痢	低温	ポリオ、脊髄損傷など
代替機能の妨害	指先感覚の低下	低温・乾燥	視覚障害
障害へ好影響	聴力の増大	多湿	聴覚障害

（高齢者のための建築環境、日本建築学会編・彰国社刊、1994より転載）

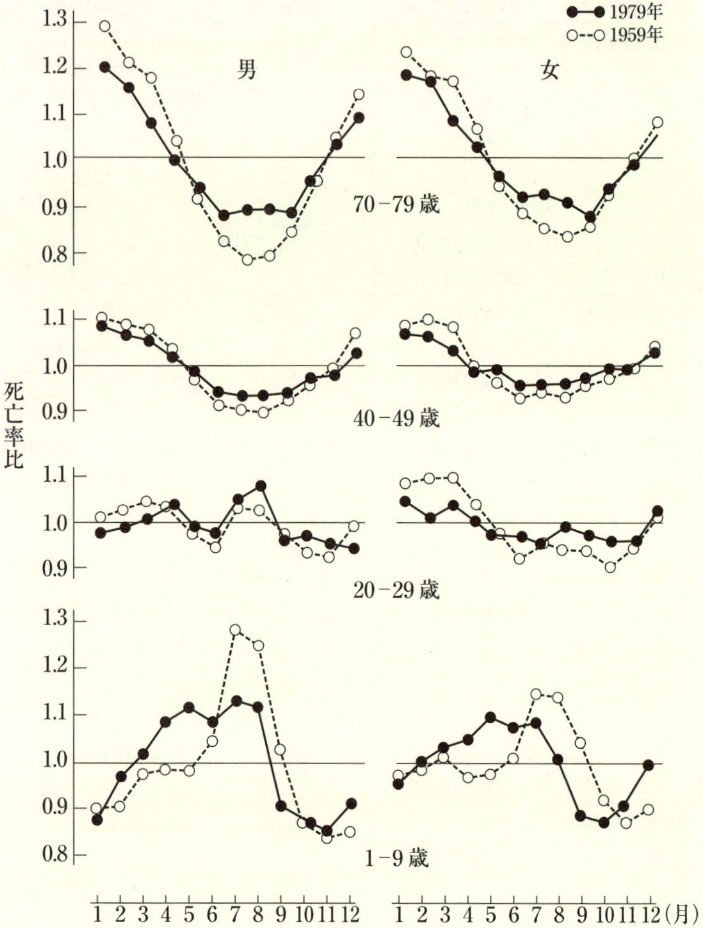

図15　死亡率の季節による変動

るいは32℃以上になる場合に死亡率が増加するという一般的傾向があります。特に、冬季における死亡率が高齢者で顕著に高いことが示されていますが、これは循環器系、呼吸器系に影響を与えて種々の疾患を引きおこすことから死亡率が上昇したものと考えられるのです。

② 温熱環境の変化への生理的対応

発汗や血管収縮・拡張といった作用は人が無意識のうちにからだが反応しています。この体温調節のことを自律性体温調節といいます。また、衣服の着脱調節や冷暖房器具の使用などを行動性体温調節といいますが、それは人が感じる暑さ寒さの感覚（温冷感）や快適と感じるかどうかに基づいて行われます。自律性体温調節だけで体温を正常範囲内にコントロールできる温熱環境は狭い範囲に限られているので、行動性体温調節を適切に行うためにも人の感覚は重要になってきます。

高齢者は体温を一定に保つ能力が低いといわれています。これは、寒冷環境においては皮膚血管収縮反応が鈍く、放熱過多に陥りやすいためです。また、暑熱環境においては、皮膚血管拡張反応が鈍く、かつ、小さいためであり、また、発汗の開始も遅れ、発汗量が少ないことにもよります。これらは老化に伴って生じる恒常性の低下と位置付けられますが、そのメカニズムには不明な点が多々あります。中等度温熱環境は暑くも寒くもない環境であり、大きな血管運動や発汗活動が作動しなくてもよい環境であるといわれていますが、わずかにはずれた環境では大きな差を生じやすくなります[6]。

③ 温熱環境に対する高齢者の感覚

高齢者は温かさや冷たさを感じにくくなる（鈍くなる）といわれています。これは、加齢に伴い、皮膚表層にある温点・冷点の減少、温冷受容器から神経線維を経て脳へ伝達される過程の衰え、脳そのものの老化による機能低下が原因といわれています。感受性として温かさ冷たさを検出する「最小値」に関して実験的に調べたところ、**図16**に示すように、全身的に加齢に伴って冷覚を生じる温度変化度が大きくなっています。一方、温覚を生じる温度変化度は、足部を除くと年齢による違いも、部位による違いも小さくなっています。しかし、足部においては温覚は年齢により異なり、加齢に伴い、大

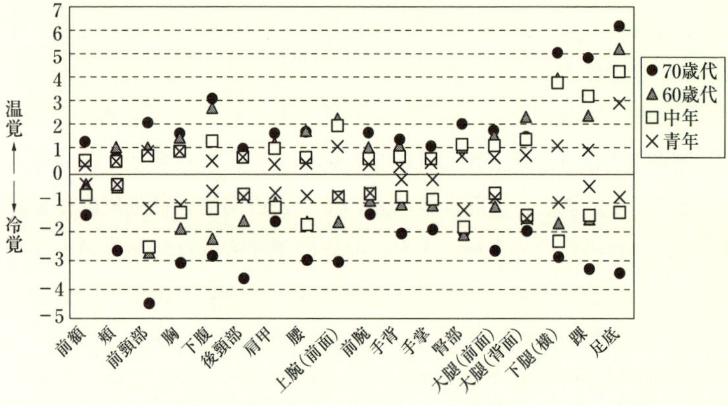

図16　温覚および冷覚を感じる温度変化度

きな温度変化度を必要としています。

つまり、高齢者は足部において温かさ・冷たさを感じにくくなっており、特に冷たさについては、全身的に感じにくくなっていることを示しています。

最近の研究では、まったくの中立温熱環境において全身温冷感に年齢差は認められませんが、わずかにはずれた温度条件では差が認められています[6]。これは**図17**に示すように、中等度温熱環境といえども、高齢者は夏季には寒さを、冬季には暑さを、青年よりも1

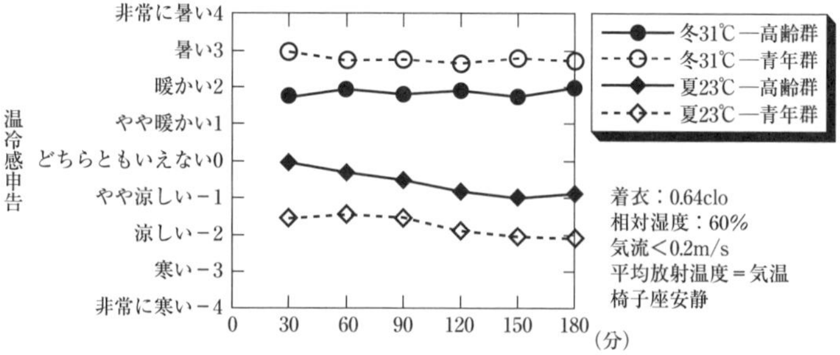

図17　中等度温熱環境における高齢者と青年の全身温冷感[6]

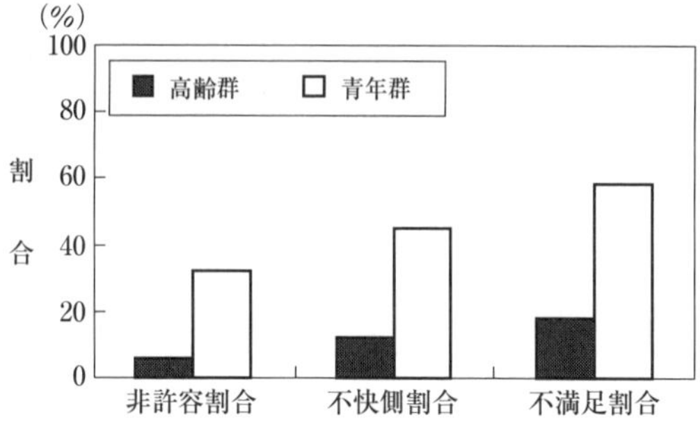

図18　気温23℃相対湿度60%の時の環境に対する評価[6]

段階感じにくいことを示しています[6]。

快適感、環境に対する許容度および満足度を比較したところ、青年に比べ不快感、非許容度および不満足度ともにその割合は低くなります。環境をどう変えたいかについては、高齢者は「23℃をもっと暖かくしたい」と答えた人の割合は高かったにもかかわらず、「許容できない」と答えた人の割合は低く、温熱環境に対する評価は適切ではなく、むしろ寛容であることがわかります（**図18**）。

老化が快適温度に及ぼす影響に関しては諸説ありますが、実験室において衣服などの条件をまったく同じにして自分で温度を制御し快適な環境をつくるという研究においては、高齢者と青年の快適だと感じる温度に差はありません。また、高齢者に周囲気温や気流（風）を自分で調節させたところ、選択された気温は約24℃となり、

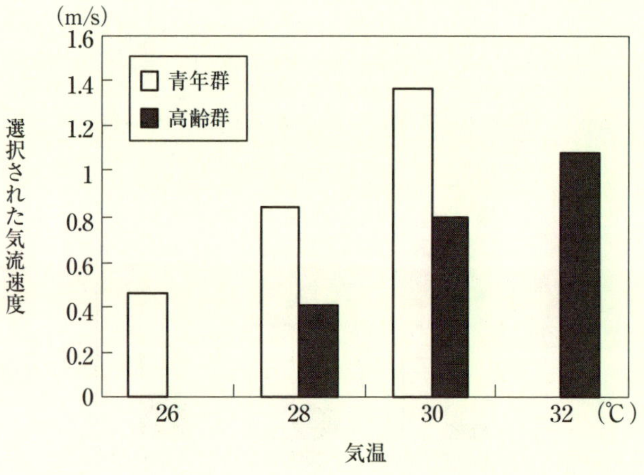

図19　快適と感じる周囲気温と気流速度との関係[16]

これもまた、青年との差はありません。なお、温度選択のスイッチを押す回数は高齢者の方が少なくなるとも、青年とは差がないともいわれていますが、定説はなく、個人差の方が大きいといわれています。気流に関しては、青年に比べ高齢者の方が同じ気温であっても約0.4m/s遅い気流を選択しています（**図19**）[16)]。また、選択された気温・気流下での平均皮膚温には高齢者と青年には差が認められていませんでした。つまり、高齢者は冷たさを感じにくくなっているが、冷たさを感じないように気温や気流の選択をしていると考えられます。

コラム 5
高齢者の低体温とは

人は末消血管を拡張したり収縮したりして血流を調節して体温を一定に保とうとしています。しかし、高齢者になると血管反応の衰えがでてきます。特に血管の収縮の衰えは、室温が18℃くらいでも手や足などからの放熱量が多くなり、低体温症になりやすくなります。低体温症とは、体温が常に35℃以下の状態をいいますが、いったん35℃以下に体温が下がると気がつかないまま下がり続けるので、場合によっては死にいたることもあります。

また、気をつけなければならないのが高血圧症で血圧降下剤を服用している人です。血圧降下剤に用いられる血管拡張剤の中には、寒さによる末梢神経の収縮を妨げるものもあり、低体温を引きおこしやすくなります。

低体温の疑いがあるとき、35℃以下も計れる低温体温計を用いるとよいでしょう。また、室温をあげて、身体からの放熱量を抑えるようにしましょう。

（五十嵐）

④ 湿度環境の影響

低湿環境は高齢者に大きな影響をもたらします。特に、冬季の外気は低温のため絶対湿度が低いので、暖房により一層乾燥しやすくなります。

室内の乾燥は、人の粘膜を乾燥させます。粘膜の乾燥により除菌機能が低下するため、インフルエンザをはじめとする上気道感染を引きおこす細菌が付着しやすく、抵抗力の低い高齢者では容易に症状がでます。インフルエンザをはじめとする上気道感染症や気管支炎・肺炎は早期発見しないと命の危険に陥りやすいのですが、高齢者の症状は、出現するのが遅く、発見時にはすでに重症になっていたということが多く見受けられます。「風邪は万病のもと」といわれるように、高齢者にとっては回復に時間がかかり、肺炎への移行が高く、さらに寝たきりから二次、三次の疾患を引きおこす原因疾患になります。

一方、高湿で低温な環境は、**表1**（P51）に示したように慢性関節リュウマチや脊髄損傷の人にとって疼痛がますます悪くなるなどの症状がでてきます。

また、湿度が高い環境はカビ類や害虫にとって格好の繁殖場所となります。カビは胞子という大変微細なものですから、空気中に浮遊してどこへでも飛んでいくことができます。この胞子は人の口や鼻から容易に体内へ入り込んでしまうため、体力の弱い高齢者の場合、粘膜や呼吸器官にまで侵入することになり、肺炎をはじめとする呼吸器感染や喘息などのアレルギー症状を引きおこし、皮膚病も発症しやすくなります。

このように高齢者は、全身的な免疫力が低下しているため、特に呼吸器感染症は治癒しにくくなり、生命の危機にさらされることになるのです。

コラム 6

住宅の湿度

梅雨から夏にかけてエアコンをつけているのに湿度が高いということはありませんか？　これにはコラム10の省エネエアコンが関係しています。

皆さんは夏にエアコンについている管から水が流れているのをみたことがあると思います。また同じようにエアコンを入れている車からも水が落ちているのをみたことがあると思います。この水は空気の中に含まれている水分が液体に変わったのです。

最近のルームエアコンは、以前に比べて水があまりでなくなりました。これは、省エネエアコンでは室内と室外の二つの熱交換器の温度差を小さくしているため、以前のエアコンに比べて空気が冷えず、結露しにくくなったからです。このように最近の省エネエアコンでは、空気中の水分を取り除くことが難しくなりました。

また、知らないうちに人からは水分が蒸発しています。たとえば皮膚から、また息から‥。一方、お茶やコーヒーなど、生活の中で水やお湯はたくさん使われています。この水やお湯からも水蒸気がでています。空気中の水分を取り除かないと室内の湿度はどんどん高くなってしまいます。

こうして住宅内の湿度が高くなっていくのです。　(北原)

⑤ 高温環境の影響

気温が30℃以上にもなる夏は高温の生活環境の代表といえます。このような暑さの中で外出や作業、スポーツをすると、人は汗をかき、体温の熱を逃がして体温調節をする機能がフルに活動します。しかし、高齢者の細胞内液は若者に比べ20～40%も減少しており、体液の維持機能、腎臓機能、発汗機能、口渇感、さらには自分から水分を求める欲求まで低下するなど、生理的な老化がからだの変化をおこしやすくしています。

高温の環境下において体内の水分や塩分が不足すると、体温調節機能のバランスが崩れ、体温の上昇、脈拍や、呼吸数が増え、顔面紅潮、疲労感などのさまざまな症状がおこって脱水症や日射病、熱射病などをおこします。このような暑さによって引きおこされるか

表2　熱中症の程度の目安となるポイント

程　度	症　　状
軽症度	・手足やおなかの筋肉などに痛みを伴うけいれん、失神する、脈拍が早く弱くなる、呼吸が乱れる、顔色が悪くなる、めまいがする。
中症度	・汗のだしすぎにより血管が拡張して、めまい感、疲労感、頭痛、吐き気が頻繁におこる。
重症度	・体温の上昇により体温調節機能が乱れ、ろれつが回らない、呼吸が荒い、ショック状態になり意識を失い生命の危機が迫っている。

らだのさまざまな不調を総称して熱中症といいます。

熱中症は、**表2**に示したように熱けいれん→熱失神→熱疲労→熱射病と状態が悪化し、あとになればなるほど生命の危険にさらされることになります。

高齢者の症状としては、息苦しさや頭痛等が予測されますが、本人からの訴えは聞かれず、なんとなくぐったりし、元気がなく、食欲がない、水分も欲しがらないなど、いつもと異なった状態がみられます。気づかないでいるとやがて意識を失い、生命の危険な状態になります。

高齢者の中にはエアコンなどの冷房を嫌い、密閉性の高い室内で長時間生活を続ける人も数多く存在します。高齢者は体温調節機能が低下しているため、高温環境下では体温が上がりやすいので、特にひとり暮らしの高齢者の場合は注意が必要です。家族と暮らしていても、寝たきりの人は脱水に気をつけなければなりません。高齢者の体内水分量は少ないためそれほど汗をかいていないようでも、いつの間にか脱水をおこしている場合があります。また疾病によってはその治療薬の副作用として発汗が抑えられるものもあります。たとえば、パーキンソン病やパーキンソン症候群、精神疾患、アレルギー疾患などの治療に使われる抗パーキンソン剤や抗コリン剤、抗ヒスタミン剤などがこれに該当します。

高齢者の中には若い頃から、水分をあまり摂取しない人や、頻尿(夜間頻尿)を気にして水分を控える習慣になっている人も少なくありません。一方で水分の過剰摂取も見受けられます。この場合、心臓の働きの低下している高齢者は、体液量が増えることにより心不全をおこす危険があります。そのため一概にはいえませんが水分補給量は食事以外に、1日1000～1500mlが目安とされています。

6 低温環境の影響

低温環境に身を置くと、寒さによって心臓への負担が増加し、血圧は高くなり、脈拍も速くなります。このような点から高血圧症や糖尿病で血管が弱くなっている高齢者には、脳血管障害をきたす恐れがあります。また、高齢者は、からだが寒さにさらされると、皮膚表面温が低下し、産熱量をあげるためにふるえを伴い、体力も消耗します。さらに、高齢者は温冷感覚が鈍くなっており、適切な着衣の調節や暖房機の操作を適切に行えないことがあるため、特に、低体温症の高齢者は注意する必要があります。

高齢者は免疫力や体温調節機能が低下しているので、低温にさらされることによって、容易に肺炎や気管支炎などにかかりやすく、このような疾病は治療に時間がかかり、いったん寝込むと寝たきり状態やからだのいろいろな機能を使わないことによる腎機能の低下、失禁、認知症など、二次、三次障害に陥る危険が大きくなります。

7 大きな温度差の影響

冬季の生活環境で注意したいのは室内の温度差によってからだに衝撃を与えるヒートショックと呼ばれる現象です。このヒートショックにより、血圧の急激な変動、脈拍数の急増を引きおこし、心筋梗塞や脳血管障害によって死に至ることもあります。ヒートショックをおこしやすいのは、暖かい室内から寒いトイレ、洗面室、脱衣室、浴室に移動したときや入浴の前後です。

浴室・洗面室・トイレなどの空間では、入浴や排泄行動を行うために、衣服を脱ぎ皮膚を直接さらすため、温熱環境の影響を受けやすくなります。しかも、浴室・洗面室・トイレなどの空間は、日射の影響を受けにくい北面に配置することが多く、また、使用する時間が短いため、暖房しない住宅が多いのが現状です。ですから居間が暖房の使用によって室温は20℃～25℃ぐらいまで上昇していても、トイレや浴室などは暖房されていないために５℃～10℃の範囲となり、必然的に住宅内においても低温にさらされることが多くなるのです[7)8)]。

第4章

温熱環境の基準

1 高齢者のための基準の考え方

これまでに述べてきたように、からだに重大な影響を与える温熱環境を原因とする発病、事故は未然に防ぐことが非常に大切です。そのためにも住居での温熱環境には気をつけなければいけません。

住居の温熱環境を適切に維持管理するためには、維持管理の目安となる温熱環境の目標、管理レベル、項目などを定める必要があります。また、温熱環境に対する高齢者の恒常性維持機能には、過去の生活履歴、体質、健康状態などに起因する大きな個体差が存在するため、画一的な温熱環境基準では難しい場合もあります。したがって、複数の高齢者が居住するような居住空間では、最も恒常性維持機能の弱い人に合わせた適切な温熱環境レベルが保証される必要もあるでしょう。そして、温熱環境として適切なレベルが設定されたとしても、そのレベルが守られ、実際に管理・運用されなければ意味がありません。そのためには、平易に管理・運用できる簡易で実際的な温熱環境の指標や項目・方法にする必要があり、基準やガイドラインを実効的なものとして安全側に簡略化、簡素化することも必要となってきます。

居住空間一般を対象とした温熱環境の目標レベルについては、従来からさまざまな基準やガイドラインが提案されています。しかし、「建築物における衛生的環境の確保に関する法律（略称：ビル管理法)」や「労働安全衛生基準」などの一般的な環境基準で対象とされる居住者は健康な労働者であり、働く労働環境の基準として定められている場合が多くなっています。そのため、恒常性の身体維持機能が低下した高齢者・身障者が長時間居住する住宅や高齢者の医療・福祉施設などを対象とする場合には、より高度な基準やガイドラインが必要であることは明らかです。このような視点から定められた温熱環境の基準やガイドラインは意外に少ないのですが、ここではそれらの中から次のようなものを取り上げて検討してみます。

2 代表的な基準

A．温熱環境設計基準（日本建築学会編　建築資料集成）

各種用途の建築物を設計するための温熱環境基準として日本建築学会がまとめたものがあります。この基準ではさまざまな適用空間

表3　温熱環境設計基準

作業状態	作業量 met	着衣量 clo	室温 ℃	湿度 %	適用例
椅　座	0.7～1.0	0.4～0.6 0.8～1.0	25～27 23～25	40～60 40～60	住宅、劇場
軽作業	1.0～1.2	0.4～0.6 0.8～1.0	23～25 21～23	40～60 40～60	事務所、ホテル 学校、レストラン
中作業	1.4～1.8	0.4～0.6 0.8～1.0	21～24 18～21	40～60 40～60	銀行、百貨店 商店、料理店
重作業	2.0～2.5	0.4～0.6 0.8～1.0	17～20 14～17	40～60 40～60	工場 ダンスホール

注1）上段夏期、下段冬期室温＝平均放射温度（MRT）気流速度＜0.2m/sec

を対象としており、各適用対象空間別に作業状態や着衣量別に、夏季と冬季における平均放射温度と湿度がそれぞれ規定されています。適用対象空間の一つとしてあげられている住宅についてみたものが**表3**です[9)]。この基準は温熱環境の条件としてはかなり高いレベルにあると思われますが、居室者の属性によって区分されておらず、また、住宅における作業状態として椅座位が想定されていることから、必ずしも高齢者の生活実態に則した温熱環境基準であるとはいえません。

B．健康で快適な温熱環境を保つための提案水準（建設省住宅局1991）

この提案水準は、住宅の室内温熱環境を対象として、不快でなく、また不健康を生じないように保つための総合的な指標として1991年に建設省住宅局の「健康で快適な住宅研究会」によって提案されたものです[10)]。**表4**は提案水準の温熱環境に関する部分について示したものですが、温熱環境の諸要素ごとに規定されており、温度の均一性といった詳細な規定もみられ、高齢者が居住する住宅の基準としては良好で現実的な基準レベルであると思われます。

表4　健康で快適な温熱環境を保つための提案水準

要　素	提案水準	提案水準に対するコメント
温　度	室温の目標（活動量1.0～1.2metとして）	着衣と活動の程度に応じて左記の範囲内で調節する。子ど

		居室：18～22℃、25～28℃ 非居室：13～20℃、26～30℃ （着衣量：0.8～1.2clo、0.3～0.6clo）	も室は15～18℃でも可。暖房停止時、非暖房室の最低は15℃程度を確保したい。
湿　度		湿度調整を行う場合の目標 相対湿度：40～60%	体感的には50%前後が最適とされる。結露防止の観点から上限は60%とする必要がある。
気　流		居住域での室内気流の上限 暖房：0.15m/s、 冷房：0.25m/s 夏季通風による場合は1m/s程度までを可とする。	夏季通風における上限は1m/s（紙が飛ばない）、または、3.0m/s（紙の飛散を許容）程度とされる。冷房時など1m/s(扇風機を含む）間欠的気流の上限も1m/s程度。
放　射		表面温度の上限：40℃（暖房放熱器など人体が接触する部分の上限） 床暖房表面温度：29℃以下	皮膚表面の低温火傷の限界は40～45℃とされる。長時間接触の可能性がある場合にはこれより低くする。
温度などの均一度	上下温度差	垂直温度差：３℃以内（床上1.2mまでの居住区） 室間（暖房室と非暖房室）：５℃以内 外気と温度差：５～７℃以内 冷房時、外気温に応じて	上高下低型温度分布に適用、頭寒足熱型ではこの２倍程度まで許容できるとの説もある。 ヒートショックの防止を目的とする。老化・トイレなどの温度低下を防ぐ。体感的には温度差の不快を除去するには３℃以内とする。 冷房を主たる目的とする。
温度などの均一度	放射の不均一	規定しない	簡易な計測法がないので規定しても実質的意義が小さい。

C．高齢者・身障者に配慮した住宅熱環境評価基準値（日本建築学会　1991）

この基準は日本建築学会高齢者生活熱環境研究会により作成されたものです[11]。**表5**に示すように、居住者としては「一般」とは別に、とりわけ温熱環境の影響を受けやすい「高齢者」、「身障者」という区分が設けられており、住宅の各部屋別、生活行動別、属性別に詳細な温熱環境評価基準が定められています。

D．病院空調設備の設計・管理指針（日本病院設備協会規格HEAS−02,1996）

患者・医療従事者に対する最適な医療環境・衛生環境・快適環境の提供を目的として1989年に「病院空調研究委員会」により設

表5　高齢者・身障者に配慮した住宅熱環境評価基準値

一般

	居間・食堂 団らん・食事	寝室 睡眠	台所 家事	廊下 移動	風呂・ 脱衣所 着替え	便所	備考
冬季	21±3℃ deg	18±3℃	18±3℃	18±3℃	24±2℃	22±2℃	1.4～ 0.7clo
中間期	24±3℃	22±3℃	22±3℃	22±3℃	26±2℃	24±2℃	0.7～ 0.5clo
夏季	27±2℃	26±2℃	26±2℃	26±2℃	28±2℃	27±2℃	0.5～ 0.2clo

注１）寝具(冬：ふとん＋毛布～ふとん、夏：夏掛＋タオル～なし、家事(3met)

高齢者

	居間・食堂 団らん・食事	寝室 睡眠	台所 家事	廊下 移動	風呂・ 脱衣所 着替え	便所	備考
冬季	23±2℃ deg	20±2℃	22±2℃	22±2℃	25±2℃	24±2℃	1.4～ 0.7clo
中間期	24±2℃	22±2℃	22±2℃	22±2℃	26±2℃	24±2℃	0.7～ 0.5clo
夏季	25±2℃	25±2℃	26±2℃	26±2℃	28±2℃	27±2℃	0.5～ 0.2clo

注２）寝具(冬：ふとん＋毛布～ふとん、夏：夏掛＋タオル～なし、家事(2met)
注３）冬期および夏期の居間、寝室は「一般」と異なる。

身障者

	居間・食堂 団らん・食事	寝室 睡眠	台所 家事	廊下 移動	風呂・ 脱衣所 着替え	便所	備考
冬季	23±2℃ deg	20±2℃	22±2℃	22±2℃	25±2℃	24±2℃	1.4～ 0.7clo
中間期	24±2℃	22±2℃	22±2℃	22±2℃	26±2℃	24±2℃	0.7～ 0.5clo
夏季	25±2℃	25±2℃	25±2℃	25±2℃	27±2℃	25±2℃	0.5～ 0.2clo

注４）寝具(冬：ふとん＋毛布～ふとん、夏：夏掛＋タオル～なし、家事(2met)
注５）夏期の居間、寝室以外は「老人」と異なる。

ここで、表中の数値は黒球温であり、床上1.2mで測定することとする。湿度は冬期30～50％、中間期40～70％、夏期60～80％とした。また、特別大きな放射熱、気流、温度分布はないものとした。

表6　病院空調設備の設計・管理指針

	基準値	コメント
温度	夏季　乾球温度 24–26–27 DB(℃) 冬季　乾球温度 22–23–24 DB(℃) 注）下線の数字は標準設計条件値	夏季日射、冬季冷輻射の場合には設計室温の変更の要あり。また、冬季床暖房などによる熱輻射が期待できる時には室温を1～2℃下げても可。病室から廊下・便所等の異なる空間に移動する際の極端な熱衝撃は避ける。平均放射温度（MRT）や気流の影響が大きい時には留意する。なお、標準的な日常着としてはショーツ、半袖シャツ、薄地ズボン、薄地ソックス、靴の組み合わせで0.5cloとみなす。
相対湿度	夏季　相対湿度 50～60 RH(%) 冬季　相対湿度 40～50 RH(%)	

計・管理指針として日本病院設備協会規格（HEAS）が制定されましたが、その後、病院設備・技術の高度化、知見の蓄積などによって1996年に見直し・改訂されています[12)]。取り上げられている環境要素には種々のものがありますが、温熱環境に関する部分について示したものが**表6**です。

以上、高齢者の温熱環境に関連していくつかの基準を取り上げましたが、これらの各基準について、温度・湿度についてそれぞれが推奨する範囲を一つの図に整理したものが**図20**です。

図20　各基準の温度・湿度に関する推奨する範囲

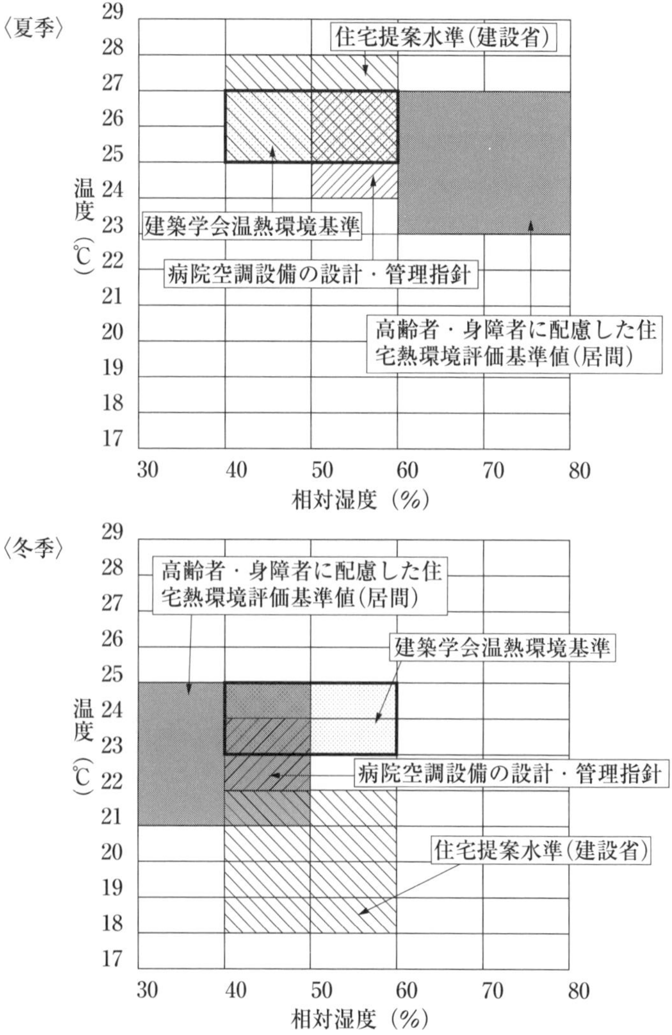
〈夏季〉
住宅提案水準（建設省）
建築学会温熱環境基準
病院空調設備の設計・管理指針
高齢者・身障者に配慮した住宅熱環境評価基準値（居間）
温度（℃）
29
28
27
26
25
24
23
22
21
20
19
18
17
30
40
50
60
70
80
相対湿度（%）
〈冬季〉
高齢者・身障者に配慮した住宅熱環境評価基準値（居間）
建築学会温熱環境基準
病院空調設備の設計・管理指針
住宅提案水準（建設省）
温度（℃）
29
28
27
26
25
24
23
22
21
20
19
18
17
30
40
50
60
70
80
相対湿度（%）

第5章

住まいの温熱環境

① 地域差の大きい日本の気候

南北に長い日本列島は、南と北とでは気候も異なり、沖縄で桜が咲いているときに北海道で雪が降ることも珍しくはありません。また、本州の中央には高い山脈があるため、同じ緯度でも、太平洋側と日本海側では、かなり違った気候にもなっています。

こうした気候条件の特徴を示す例として、各都市の月平均温度、月平均相対湿度、月平均日照時間があります（**図21**）[13)]。

まず温度をみると、夏はあまり地域差がなく、ほとんどの地域で蒸し暑くなっているのに対し、冬は地域による温度差が大きくなっていることがわかります。たとえば、1月の札幌の月平均気温が－5.5℃に対し、沖縄の那覇は16.0℃で、その差は21.5℃にもなっています。

次に相対湿度をみると、太平洋側の東京では冬には50％台、夏は80％近くと、季節による湿度の較差がはっきりとでるのに対し、札幌や日本海側の新潟では、冬の降雪の影響を受け一年中70％前後とかなりの高湿になっています。また、日照時間は天候の影響を大きく受けるため、各地域において雨量の多い月や積雪のある月は少なくなります。

このような地域差は、日本各地の住宅づくりに大きく影響しています。夏を中心に考えた風通しのよい開放的な住まいづくり（**図22**）、冬を考えた窓の小さい閉鎖的な住まいづくりは、地域の伝統的な建物にみることができます。しかし、寒冷地では暖房が必要不可欠なように、住宅の中は人工的につくられた温熱環境になってい

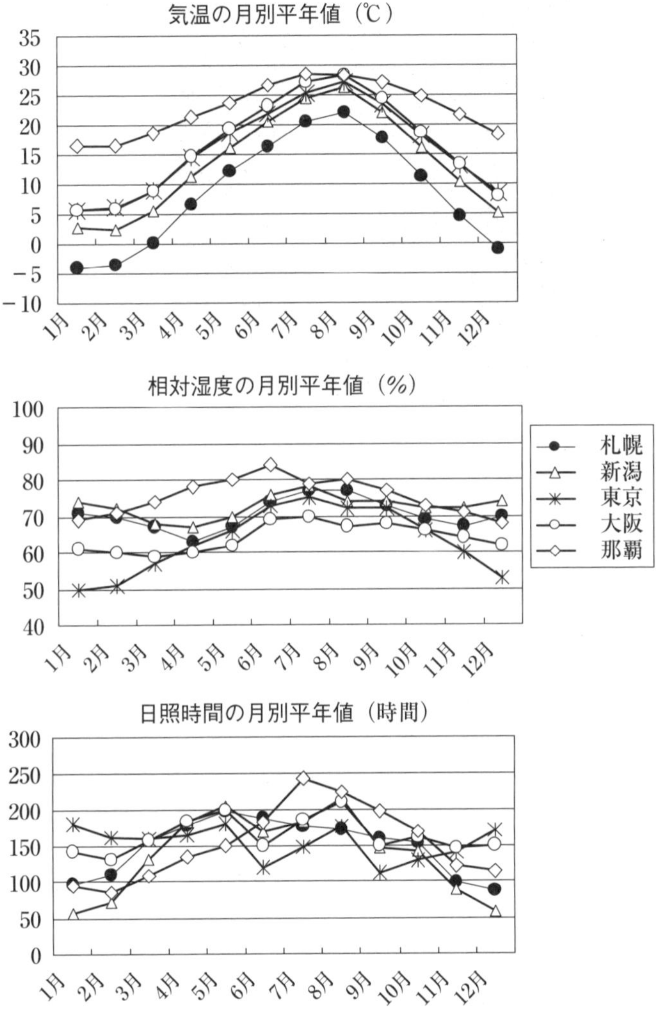

図21　各地の月平均温度・相対湿度・日照時間（平年値）

図22　日本の住まいと夏季の開放的な暮らし（霞戸とすだれ）

ます。つまり、個々の住宅には、それぞれ個別の温熱環境がつくられているのです。

2 事例からみた温熱環境の現状と問題点

現在、高齢者はどのような住宅に住み、どのような冷暖房が行われているのでしょうか。そして、どのような温熱環境がつくられているのでしょうか。ここでは、事例調査の結果[14]をもとに述べていきます。

（1）高齢者が居住する住宅の断熱気密性能

住まいの快適性と省エネルギーという観点から、住宅の断熱化と気密化が進められてきています。また、北海道のように極めて寒冷な地域では断熱気密化した住宅があたりまえのようになってきました。しかし、従来の日本の住宅は冬より夏向きに造られてきたため、そのような住宅で長期間居住してきた高齢者は、冬はある程度寒く、夏は暑いのがあたりまえ、風が通れば十分というようにとらえている人が少なくありません。そして、部屋の冷暖房を積極的に運転しない傾向にあります。

調査事例では、建築年数が10年以上の住宅に居住している高齢者が多く、アンケート調査で住宅の断熱気密性能を正確にとらえることは難しいことから、「暖房室からほかの場所へ移動したときの温度差」の有無について質問しました。その結果が**図23**です。

「温度差があるので気になる」とした人の割合は北陸が40%と最も高く、ほかの地域も30%前後の割合でした。このことから住宅の断熱気密性能が十分でないため、各室暖房が多く、住宅内に温度差が生じていると考えられます。また、「温度差がない」と回答した割合が最も高かったのが北海道でした。このことから、北海道は住

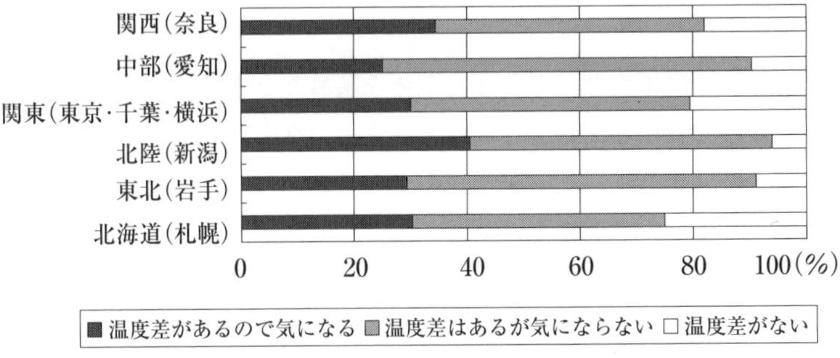

図23　暖房室からほかの場所へ移動したときの温度差

宅の断熱気密性能がほかの地域より優れていることが推察されます。一方で北海道ほど寒さの厳しくない東北と北陸で、温度差がないとした人が10%にも満たなかったことから、当地における住宅の断熱気密性能が良好でないことが推測されます。

こうした住宅の断熱気密性能は暖房時の室内温度分布にも影響します。

断熱性能が悪いと、床、壁、天井からの熱の流出量が多くなるため、それらの表面温度はなかなか上昇しません。暖かい空気は上の方に行くので、特に床付近の温度上昇が少なくなります。人の生活空間は椅子に座った生活の場合、床上90cm程度となります。床に座った生活ではさらに低くなるので、暖房をしてもなかなか居住域の温度が上がらず、室内の垂直温度差は暖房をすればするほど大きくなることになります。このように床に座った生活は、部屋の中で一番寒いところで生活しているといっても過言ではありません。また、気密性能が悪いと、暖まった空気は室内の上方の隙間から流出し、下の方の隙間から冷たい空気が流入してきます。このように、断熱気密性能が劣っていると、暖房効率が悪いだけでなく、暖かさの評価が低くなります。

断熱気密性能が低いと、住宅全体を暖める中央暖房方式は効率が悪いため、各室暖房が多くなっているというのが現状です。その各室暖房に使われている暖房器具については、火災の危険性と室内の空気汚染も危惧されます。たとえば、やかんやなべをかけておけるタイプのストーブの場合、煮物をつくることができたり、省エネルギー（燃料費が安いというとらえ方）という観点から捨てがたいと思っている高齢者もいることでしょう。しかし、近くにかけていた衣類が落ちると火災につながります。一方、燃焼により酸素が減少し、二酸化炭素（CO_2）や窒素酸化物（NOx）などが増加することもあります。この場合、高齢化による嗅覚機能の低下も懸念されることから、換気不足でガス中毒という最悪の事態を招く危険性も合わせもっています。

このようなことから、各住宅の実態をしっかりと見極めて、高齢者にとって安全で快適な暖房方法を計画することが大切です。

（2）高齢者が住む住宅の温熱環境

A．冬の温度に関する問題点

1）起きているときの温度

高齢者がいつも生活している部屋で、実際にどのような暖房器具が使われているのでしょうか。

調査した結果の例を**図24**に示しました。北海道ではFF式ストーブや床暖房が多く、このことから住宅のかなり広い空間を暖房している住宅が多いことが示唆されます。北海道を除いたほかの地域では、移動式の石油ストーブやガスストーブの使用が多く、コタツを併用している高齢者が多いこともわかります。また関東以西ではエアコンの使用も多くみられました（各種暖房器具の特徴は第７章参照）。最も使用率の高かった移動式の石油ストーブやガスストーブは、室内の空気汚染という問題はありますが、必要な場所に移動できて、すぐに暖房器具の近くは暖かくなるという利点があります。このように、各地域で使用する暖房器具に違いがみられる要因として、その地域の気候条件が異なることが考えられます。

では、実際に高齢者はどのような温度環境の中で生活しているの

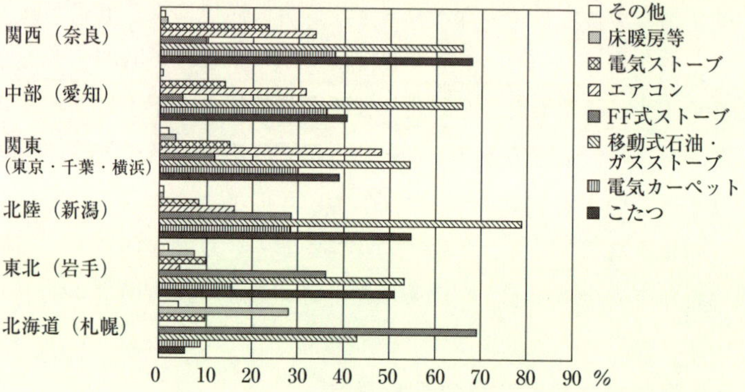

図24　高齢者の使用暖房器具

でしょう。都市近郊の農山村部の事例を**図25**に示します。一年で最も寒い２月のデータで、外気温は夜間－４℃まで低下し、日中は５℃程度しか上昇していません。Aさんの居間は朝晩の石油ストーブによる暖房で室温は約15℃まで上昇しています。二世帯同居ですが、日中は高齢者しか在室しないので、安全性のため石油ストーブを使用せず居間の室温は約10℃まで上昇するに過ぎず、電気コタツが使用されていました。日当たりのよい部屋の室温は暖房していなくても日中18℃まで上昇していました[15]。

また、AさんもBさんも身体周囲温度（身体の周辺の温度）は居間の温度より高くなっているところが多くみられます。これは、暖房器具の近くにいて、そこからの熱（放射熱）を受けているためで、高齢者によくみられる状態です。なお、グローブ温度計で測った温度は、空気だけでなく壁や窓、周りにあるものからの熱放射の影響を含めた温度を表しますが、室温とほぼ同じか、暖房時にはやや低

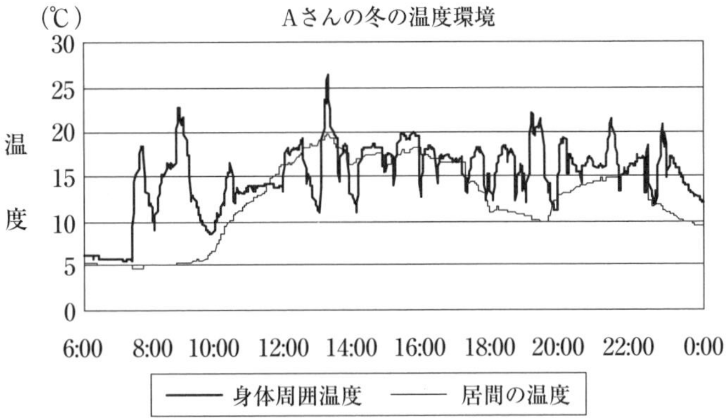

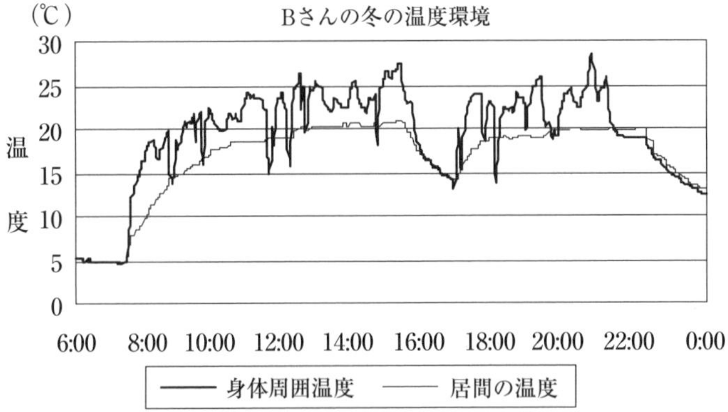

図25　暖房時の身体周辺温度と室温

くなる傾向が認められました。これは、住宅の断熱性能が悪いため、空気を暖めてもどんどん熱が逃げていっていることを示しています。

Bさんの場合のように夜間も暖房されている居間は室温が18℃まで上昇していますが、暖房停止後の温度の下がり方から暖房していないところの低温が容易に推測されます。実際、暖房されていないトイレ、浴室や寝室等は０～７℃の範囲にあり、非常に寒い環境になっていました。また、石油ストーブの使用は室内の空気の汚れが心配されます。居間の二酸化炭素濃度は暖房器具使用時の室温上昇とともに上昇し3,000ppmを超え、ビル管理法で定められている基準の1,000ppmを大きく超えていました[15]。

こういった同じ屋根の下にあっても暖房されている居間と暖房されていない寝室、トイレや浴室などでは10℃以上の温度差がついていることになります。また、暖房されているとはいえ、低い室温を補い手足を簡単に温めるコタツは、夏向きの開放型の住まいの中でからだを温める器具として江戸時代から使われてきた日本独自のものであり、床座の生活時間が長い高齢者に好まれる器具です。冬季になると高齢者は外出する頻度が減少するという報告[16]がありますが、室温の低さを補うための暖房器具としてコタツを併用することにより、高齢者はコタツのある場所に留まり、室内での活動も不活発になってしまうため、身体機能の低下が懸念されます。

２）寝ているときの温度

夜間の寝室は３℃くらいまで低下している事例がみられましたが、高齢者の場合、安全面と経済性を重視して寝る前に短時間だけ暖房を行い、就寝中は暖房を消すという住宅が少なくないため、寝ているときの着衣量も、使用寝具の枚数も多くなっています。

また、同じような理由からか、電気毛布を使用している人が北海道と関東以外で半数を超えています（**図26**）。なお、北海道で少ないのは、寝室が暖房されているか、夜間の温度低下が少ない造りになっているからだと考えられます。関東が少ないのは、マンションなどの集合住宅居住者の割合がほかの地域より多く、建物の構造上、室温が下がりにくいためと考えられます。

高齢者は夜間に１回以上は排尿のために起きることが多く、冬季の低温環境では一度低下した皮膚温の上昇は時間がかかり、中途覚醒を長引かせます。また、暖かい寝具の中で寝ていても、冷たい空気を口や鼻から吸引することによって、循環器系への影響が懸念されます。10℃以上と10℃以下の環境で寝ている高齢者の睡眠を比較したところ、10℃以下で寝ている高齢者の方が睡眠効率が悪く、かつ、中途覚醒の時間は倍程度長いことが明らかになりました。つまり、低温環境で寝ている人は寝具等で対処しているものの、睡眠の質は悪くなっていると考えられます。電気毛布による寝床内暖房は、入眠時には末梢血管拡張を助け体内温の低下をスムーズに行う手助けとなります。しかし、一晩中高い温度に保つことは、のどの渇きを感じさせ、中途覚醒を増やしたり脱水症状となる暑熱負荷になる可能性も含みます。その対策として、布団に入るまで寝床内を

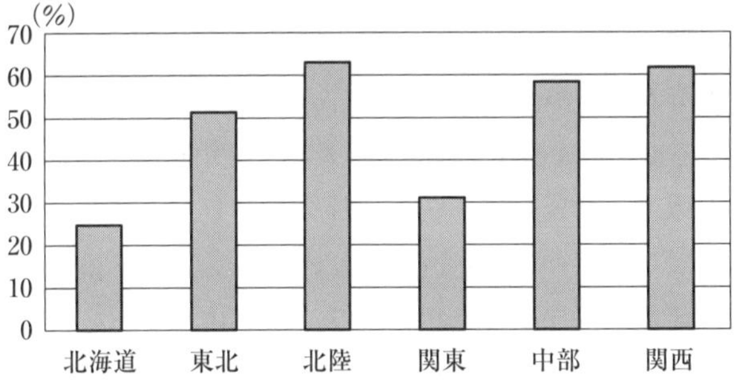

図26　電気毛布の使用状況

暖めておく、または、寝入りばなまでの使用に留めるとよいと思われます。

また、電気毛布を使っていると、寝床内の温度はかなり高くなるため、暖房されていない夜間のトイレや朝起きたときの室温との差が30℃近くにもなります。高齢者は夜間の排尿回数が増えるため、必ず途中で覚醒することになり、布団からでた際のヒートショックを軽減するためにも寝室、廊下やトイレなどの温熱環境を整えることは重要です。

B．冬の湿度に関する問題点

冬の外気の湿度は、地域によって異なり、北陸地域のように積雪のある地域の湿度は高く、一方、積雪のない地域の湿度は低くかなり乾燥しています。また、外気の湿度が高くとも、暖房の仕方によっては室内の湿度が低くなります。

では、実際に、高齢者はどのような湿度環境の中で生活しているのでしょうか。北陸地域の実測調査の事例[17)]を**図27**に示しました。Cさんの方がDさんより少し湿度が低い環境で生活していますが、どちらも湿度が低い環境です。特に室内より身体周囲の方が温度が高く、湿度が低い傾向にあり、Dさんのほうが顕著です。Dさんは起きている間ずっと暖房していましたが、使用暖房器具は電気カーペットとガスクリーンヒーター（FF型）でした。住宅の保温性はやや優れているといった状況で、室内の温度は20～25℃ととてもよい状態になっていましたが、湿度は25～40％とかなり乾燥していました。さらに、クリーンヒーターからの温風の影響を受け、高齢者の身体周囲の温度は30℃を超えているときもあり、また、湿度も30%以下になっている時間帯が多くなっていました。

このように、事例調査の結果から、高齢者は暖房器具の近くで生活している時間が長く、その影響を受けて、室内の湿度より低く、かなり乾燥した環境の中で生活していることがわかりました。

冬の乾燥は、インフルエンザの流行に関係していることが知られていますが、それ以外で、高齢者にどんな影響を与えているのか、アンケート調査結果からみていきます。

皮膚の痒みは、調査対象高齢者の6割近くが感じていて、これは、加齢に伴い皮膚が乾燥してくることが関係しています。乾燥する部位として、手、顔、背中、指、すね、頭皮、腕などが多くあげられていました。さらに、季節によって皮膚の乾燥や痒みに違いがある

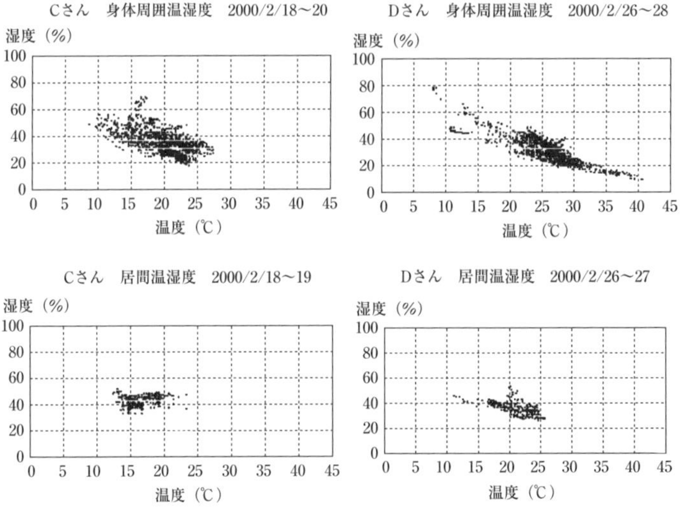

図27　身体周囲の温湿度と室内の温湿度

かを調べたところ、冬が最も高くなっていました。

冬に乾燥感や痒みを感じることが多い背景として、室内の湿度環境が考えられます。特に、関東地方は外気の湿度が低いため、室内も一層乾燥しやすくなっています。実際に関東地方の高齢者が、皮膚の痒み、暖房中の乾燥感や喉の乾きについて訴える割合は、ほかの地域より高くなっていました（**図28**）。

また、外気の湿度が高い地域でも、室内の暖房の仕方によっては乾燥しやすくなります。**図29**のように、床暖房やセントラルヒーティングが最も乾燥していると感じている人が多くなっていましたが、これは、暖房器具から水蒸気の放出がないことと暖房時間が長いことが関係していると考えられます。また、エアコンや電気ストーブの場合も乾燥していると感じている人が多く、特にエアコンの場合、乾燥した温風の影響があるのではないかと思われます。

そこで、どの程度の湿度を乾燥していると感じているか、実験結果をもとに考えてみましょう。

室温24℃で、湿度30%と50%の二つの実験室を用意し、入室していたときの高齢者と若年者の感覚評価を示したのが**図30**です。湿度が30%でも、空気の乾き感を「ちょうどよい」と評価している人が多くいましたが、のど・皮膚・唇の渇き感は、30%と50%では大きな違いがみられました。また、高齢者は若年者より感覚が鈍っていることもわかりました。

実測調査の事例でも、高齢者の身体周囲の湿度が30%程度と低い状況になっていました。高齢者に多い皮膚掻痒症の悪化防止、そして、生命に関係するインフルエンザの予防という観点からも、室内が乾燥し過ぎないよう、また、高齢者の身体周囲の空気についても

図28　地域別による皮膚の乾燥感

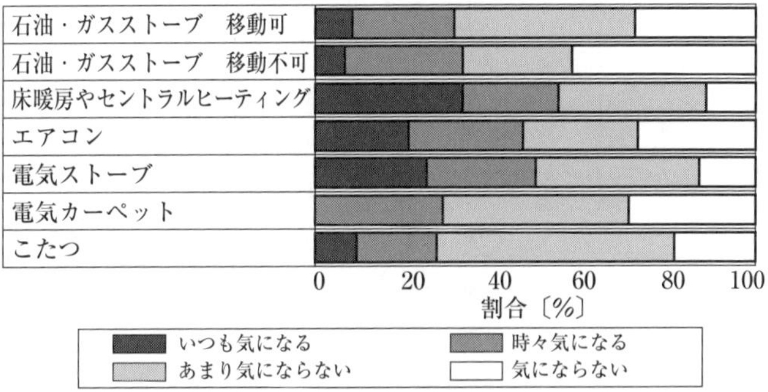

図29　使用暖房器具による暖房時の乾燥感

乾燥防止を考えることが大切です。

C．夏の温度と湿度に関する問題点

わが国のほとんどの地域で、夏季は蒸し暑い条件下にあります。そのため、通風により室内に熱気がこもらないよう開放的な住まいづくりがされてきました（P76参照）。

しかし、最近は35℃を超える日や、熱帯夜の日が多く、地域によっては、窓を開けても通風が得られにくくなってきました。また、夏の日差しは強く、室内温度が30℃を超えることもあります。

このように、蒸し暑く、風通しが悪いと私たちのからだからの放

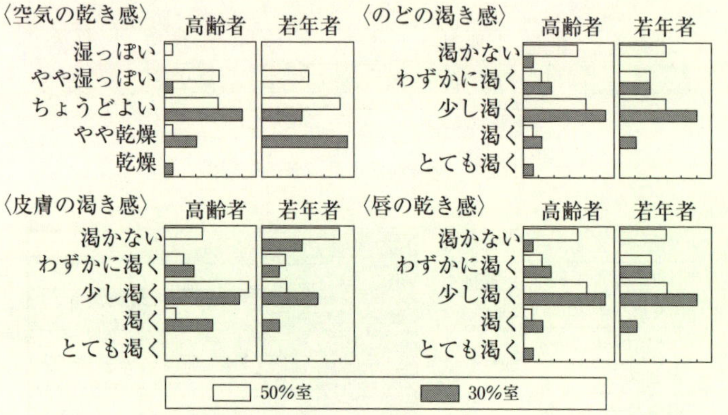

図30　感覚評価結果

熱量が少なくなり、うつ熱状態（熱がからだの中にこもる状態で、体温が上昇してきます）になり、不快になってきます。特に、発汗量が少なくなっている高齢者は、クーラーを使用せず、暑熱環境に長時間在室する傾向が多くみられるため、室内でも熱中症になりやすくなっています。このような室内での熱中症は毎年のように報道され、中には死亡例もあることから特に注意が必要です[18)]。

なぜ高齢者の中にクーラーを嫌がる人が多く存在するのでしょうか。それは、代謝量が少なくなっている高齢者にとって、夏季に暑熱順化している身体を急激に寒冷暴露することと、冷風により身体を冷やしすぎるためです。本来冷房温度は屋外の気候を考慮して設定すべきであり、その室温差は５℃以内が望ましいとされています。ただし、高齢者の場合は代謝量が低いことを気温でカバーする必要があるので、２～３℃高めの28℃程度の冷房温度に設定することが望ましく、これによって冷えすぎを防ぐことができます。なお、冷房をつける目安としては、高齢者の場合、我慢強い性格や長年の冷房器具を使い慣れていないことなどを考慮して、“ちょっと暑いなあ”と感じるぐらいの気温30℃以上、または、相対湿度80%以上、および、日射がある場合などを基準に考えるのがよいと思われます。

コラム 7

高齢者は夜間の冷えに弱い

高齢者は温熱適応能力が低下していることはこれまでにもたびたび述べられていますが、体温リズムが下降に向かう夕方から夜間にかけて特に顕著に表れます。図は暖房器具の使用開始時期を高齢者と若年者について昼夜の別に分類して表しています。昼間の暖房開始時期には高齢群と若年群では群間の差がなく、11月の前半を境に両群とも半数以上の人が暖房器具を使い始めています。これに対して夜間就寝前の暖房器具の使用開始が半数以上に達した時期は、若年群では1月以降であるのに対し高齢群では11月後半にすでに達しており、高齢者の夜間の冷えに対する適応性の弱さが窺われます。（梁瀬）

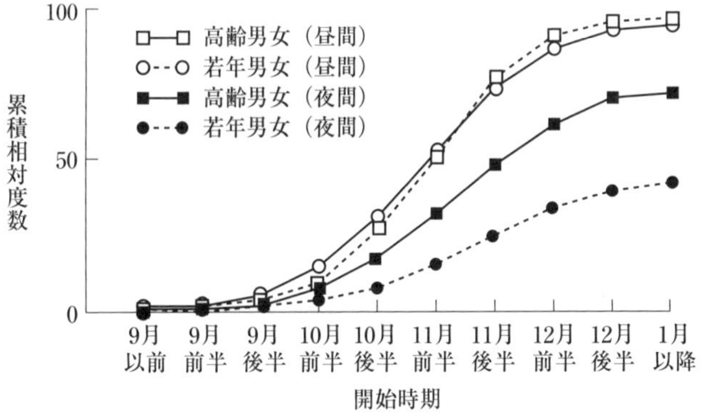

第6章

施設の温熱環境

1　高齢者居住施設における現状と問題点

（1）冬の温度と湿度に関する問題点

高齢者居住施設での暖房方式として最も多く用いられているのが冷暖房兼用の天井カセット型ファンコイルユニットです。このほかに、寒冷地では近年、床暖房も用いられています。

暖房時間にも地域で差がみられ、寒冷地は冬期間24時間暖房が行われるところが多く、温暖な地域では高齢者が起きている時間を中心に暖房が行われ、夜間暖房は行わないという傾向がみられます。

さて、高齢者居住施設の場合、わが国では個室は少なく、４人または２人の居室が多いのが現状で、さまざまな機能が低下した高齢者が居住しています。夜間も含めて、排泄のため自力でトイレに行ける人もいれば、ベッド脇やベッド上で職員の介助によって行っている人もいます。したがって、施設では、居室だけでなく高齢者が使う空間すべてが夜間も含めて適切な温度になっていること、そして、冬季で最も注意すべきインフルエンザ感染防止の観点から、乾燥しすぎていないことが望まれます。

では、新潟と愛知の特別養護老人ホームでの実測調査の事例[19)20)21)]から問題点を考えてみましょう。

A．温度環境

新潟は積雪地域のため冬季の日照率が低く、外気温が上昇することが少ないという気候条件です。そのため、終日暖房が行われている施設が多く、暖房方法は冷暖房兼用の天井カセット型ファンコイ

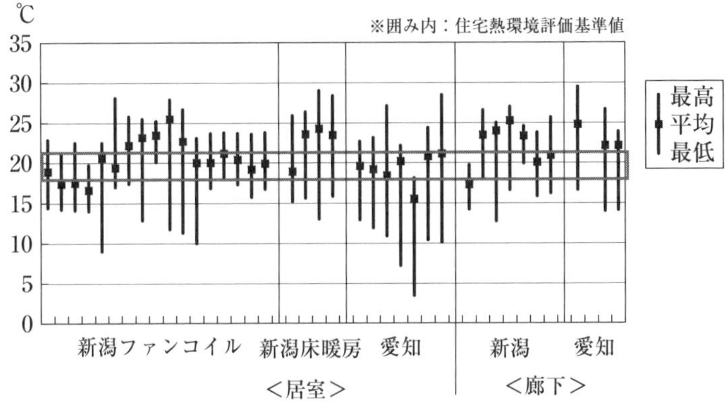

図31　特別養護老人ホームの冬季の温度

ルユニット、床暖房のみ、ファンコイルユニットと床暖房との併用などと、各施設で異なる方法でした。

一方、愛知の施設では冷暖房兼用の天井カセット型ファンコイルユニットが用いられていました。晴天日が多く、外気温も新潟より高いこともあって、日中は窓を開放していることが多く、夜間の暖房は行われていませんでした。

図31は各居室と廊下の床上110cm平均温度と最高・最低温度を示し、住宅熱環境評価基準値の「冬季における高齢者の寝室の基準値」20±２℃の範囲についても示したものです。最低温度が10℃前後まで低下しているのは、換気などのため窓を開放した影響です。各居室と廊下の平均温度は、ほぼ基準値内かそれ以上の温度になっていましたが、少し気になるところがあります。

それは床暖房の施設の温度が高いということです。床暖房の場合、床全面が暖かいことから、室温はほかの暖房のときよりやや低い温度の方が快適とされています。**図31**に示した温度が床上110cmですから、ベッドに寝ている顔の付近はそれより高さは低く、もう少し温度が高くなっていると推測されます。また、ベッド自体も床からの放射熱の影響でかなり暖まっているはずです。居住している高齢者の健康状態にもよりますが、もう少し室温の設定を下げる必要があるでしょう。

また、暖房時と暖房していないときとの温度差も気になる部分です。暖房していない日中と夜間の温度は低く、夜間の暖房が行われていない場合、朝の室温が16℃くらいまで低下していることが多く、特に愛知の施設でその傾向がみられました。このように暖房を入れているときと暖房を切って窓を開けているときの温度差は、高齢者にとって注意すべきことと思われます。そして、夜間の温度低下は、排泄のために起きる高齢者にとってヒートショックという観点からも注意すべきことです。

暖房時の快適性に大きな要因の一つとなっているのが気流です。ファンコイルユニットからの乾燥した温風を直接身体にあてるのは、体感温度を下げることになり、不快感を生み出すことにもなります。高齢者施設に設置される天井カセット型の位置は、部屋の中央付近がほとんどで、複数の居住者のベッド方向に送風口からの温風が届くようになっているところが多く見受けられました。そのため、**図32**にみられるように、床上110cm以下のところでも、細かい温度の変動がみられます。これは、温風が高齢者の顔付近に直接あたっているのではないかと思われる室温の変動です。

このことは、ファンコイルユニット設置の居室で平均温度が高かった要因でもあると考えられます。また、温風は乾燥感をもたらし

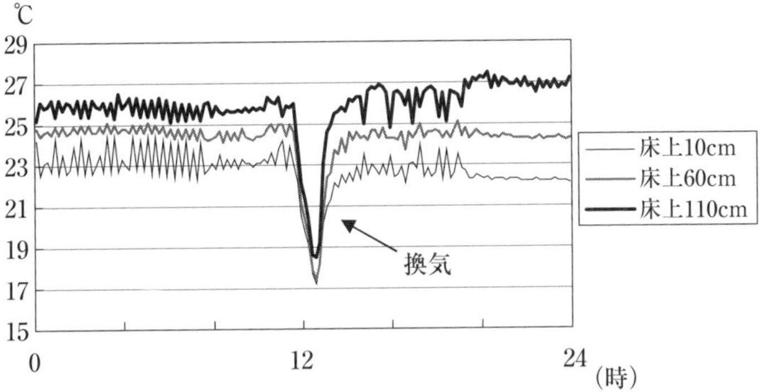

図32　温風の影響（特別養護老人ホームの冬季事例）

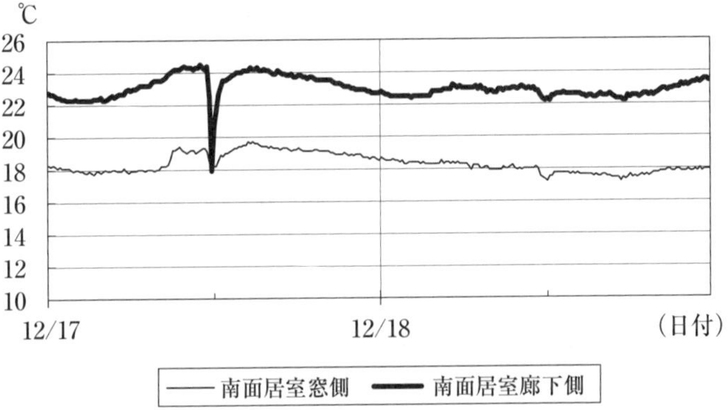

図33　居室内の温度差（特別養護老人ホームの冬季事例）

ます。したがって、ファンコイルの設置場所がその居室の快適性を左右することになります。

また、天井の中央に設置されていると、廊下側より窓側の温度が冷たい外気の影響を受けて、**図33**に示した例のように、窓側が廊下側より５℃程度も低くなりやすく、複数人が居住している場合、温度調整が難しくなってきます。

以上のことから、天井カセット型ファンコイルの設置場所と吹き出し気流の向きは、設計時に配慮すべき事項であること、そして、暖房時の設定温度についてもきめ細かな配慮が必要といえます。

B．湿度環境

高齢者居住施設では一般的に低湿環境が問題となっています。それは、一般の住宅と違って生活に伴う水蒸気の発生量が少ないことと、換気量が多いことが大きな要因と考えられます。特に、冬は外気に含まれる水蒸気量が少ないので、換気量が多くなるほど室内の相対湿度は低下します。

図34は各施設の居室温度と相対湿度の実測値を示し、そこに住宅熱環境評価基準値[11]の「老人・寝室」の温度（18～22℃）とビル管理法で提案している相対湿度（40～60％）を快適範囲として示したものです。相対湿度基準の40～60％内にようやく入っているところもありますが、ほとんどがそれ以下で、中には20％以下の居室もあり、インフルエンザが流行しやすい環境にあることがわかります。また、温度が基準値より高い居室のほとんどが低湿環境となっていました。

このことから、居室の温度を基準値内に下げることによって相対湿度が少し上昇するため、湿度環境改善には設定温度の再検討も大切になってきます。

また、湿度40％程度を保っていた施設では、各棟の廊下両端の換気設備内に水噴霧式加湿器が設置されていて、送風と同時に加湿を

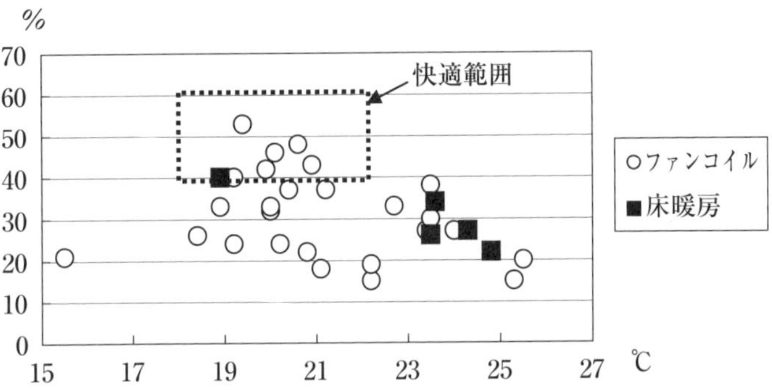

図34　特別養護老人ホームにおける冬季の居室の温度と湿度の関係

行うことができ、さらに廊下の湿度コントローラーにより調節できるようになっていました。しかし、施設の窓が１枚の単板ガラスだったため、結露発生が施設管理者の新たな悩みとなっていました。新潟という気候条件を考えるなら、複層ガラスの窓が当然採用されるべきで、そうすれば、結露発生を心配することなく加湿ができると考えられます。

別の１施設では、外気処理ユニット内に自然気化式加湿器が組み込まれた空調機を廊下に設置していましたが、測定結果をみると低湿状態であり、外気の絶対湿度の影響を受けるため大量の加湿は期待できないという問題点が明らかになりました。

ほかの施設でも低湿環境の改善に取り組もうと、家庭用の加湿器を使用している施設がいくつかありました。しかし、測定の結果からみると、居室の相対湿度を上昇させるには至らず、加湿器の効果はほとんどありませんでした。施設における湿度環境の改善について、残念ながらまだ現実的なよい方法が提案されていません。そのため改善に向けて水分補給や乾燥した温風が直接からだにあたらないようなベッドの配置など、可能な工夫を考えることも大切です。

温水式の床暖房とファンコイルユニットによる暖房の両方を同時に使用することができる施設で、床暖房をすると乾燥するのであまり使いたくないとの意見があり、その理由は職員がシーツ交換をするときに静電気を感じるということでした。

しかし、実際に床暖房、ファンコイルユニットを別々に稼働させ測定をした結果では、床暖房、ファンコイルユニットとも低湿で（**図34**）、若干、ファンコイル暖房の方が低湿になりやすいことがわかりました。これは施設職員の感覚とは異なる結果ですが、シーツ交換時におきた静電気の現象に関しては、ベッド自体がかなり温まっていて寝具類が乾燥していることや、シーツ等の材質などが影響したのではないかと考えられます。したがって、暖房設定温度を少し下げることも対策の一つとなります。

（2）夏の温度と湿度に関する問題点

事例の施設すべてで、天井カセット型のファンコイルユニットによって冷房が行われ、冷房時間は戸外の気候条件をみながら臨機応変に対応されていました。また、風量調節、温度管理、冷房のon-offを施設職員が行っている所が多かったのですが、中には居住者による温度管理も一部で行われていました。

暖房と異なり、居室を不在にするときに冷房を切ることが多く見受けられ、その場合室内温度は30℃を超えている日もありましたが、冷房しているときは、住宅熱環境評価基準値[11)]で示されている「夏季における高齢者の居間および寝室の基準値」である25±２℃

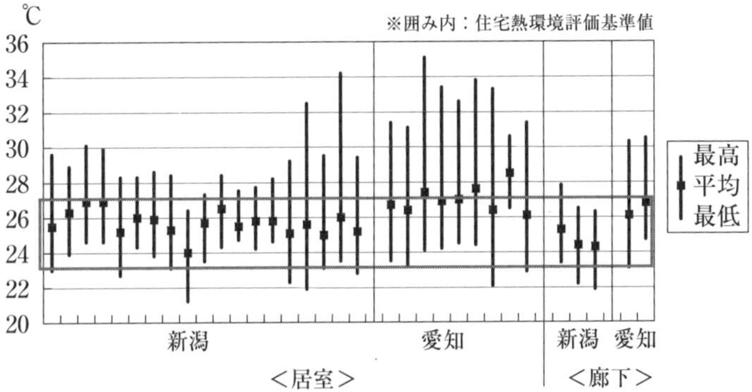

図35　特別養護老人ホームの夏季の温度

の範囲内にほとんどが入っていました（**図35**）。また、相対湿度についても、ビル管理法や建築基準法等に示されている40～60％の範囲内にほぼ入っていました。

このように、全体としては大きな問題はなかったのですが、いくつか気になるところがあります。

まず、室内の温度差です。冬季と同様、窓側が屋外の天候の影響を受け、特に日射の影響を受けると窓側の温度がかなり高くなります。事務所ビルの設備計画では、天井カセット型の場合、窓側に近い方に取り付けるのが一般的な方法です。しかし、暖房のところで述べたように、複数人が居住している部屋の場合、部屋の中央付近に設置されるため、室内にまんべんなく冷風が送り出されても窓側の温度がなかなか下がりません。また、ほとんどの居室で、職員が廊下から居室に入ってきたときの感覚で冷房のon–offや風量調節を行っていました。廊下側の温度が一番低いため、廊下側で暑いと感じたときには、もうすでに居室の中央や窓側はそれよりも高温になっています。

施設側の問題点の中に、入居者のうつ熱があげられていました。それは、このような状況が原因の一つとも考えられますので、居室内の温度が上昇しすぎないよう、早期の対応が望まれます。また、窓側の温度上昇を少なくするために、日射防止の工夫も効果的と考えます。

なお、居室の温度管理の点から冷房を切ったときの温度と冷房を入れたときの温度を比較したところ、冷房を切ったときの温度は基準値の範囲内にありましたが、冷房を入れたときの温度は基準値の範囲より高く30℃を超えているときが多く、冷房されている食堂などから居室に移動したときのヒートショックが危惧されます。

また、居住者によって温度管理がされている場合、やや低かったり、高かったりとかなりバラつきがありました。中には冷房が好きでないということで、冷房を切っているケースもありました。このことは、ファンコイルからの冷風を感じ、体が冷えてくるからではないかと推測されます。

図36に示したように、床上60cmのところでも温度が大きく、そして細かく変動しています。これはベッドのところまで冷風がきていることを表しています。このような状況なら、冷房を好まない人がいてもおかしくありません。

問題は、このように高齢者が冷房の気流を好まず、自然の風が入るように窓を開放することにより室温が高温になりすぎる危険性があるということです。ある施設では、冷房を切っている居室の入居者が急に発熱することがあり、冷房の入っている静養室で安静を保

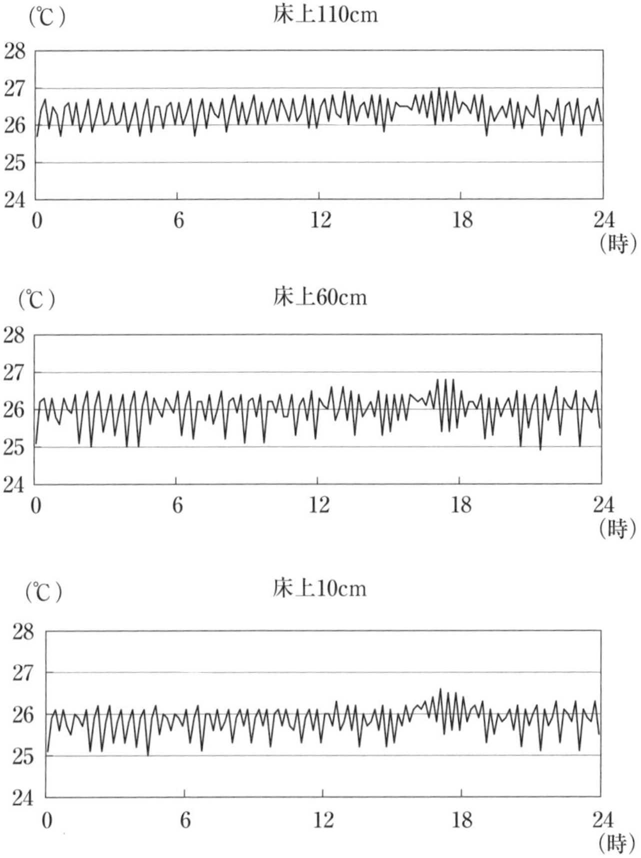

図36　冷風の影響（特別養護老人ホーム夏季の事例）

つと体温が低下するということがたまにあるとのことでした。体温調節機能と感覚機能が低下するにつれて高温環境の中ではうつ熱状態になりやすくなるため、高齢者の身体機能を把握した環境の制御が必要となります。

(3) 施設職員の温熱環境調整の実態

介護老人福祉施設や介護老人保健施設など、介護を必要とする高齢者利用施設における温熱環境調整は、疾病の予防や、健康状態を安定させるために必要不可欠なものです。しかし、高齢者の心身の状態がさまざまであるため、個別の状態に合わせて適切に調整するのはなかなか困難になっています。

ここでは、高齢者の介護施設において、温熱環境を調整するためにどのような課題があるのか、実態調査結果[22)23)]に基づいて探ってみたいと思います。

A. 空調の設定温度の基準と温度管理

空調の設定温度について施設での基準の有無について聞いてみると、同じ施設でも職員全員が同じようにとらえていない様子がみられました。**図37**の冷房についてみると、A施設では同じ施設であっても基準があると認識している職員は、半数足らずとなっています。また、C施設のように、設定温度の基準を設けていない所もあり、各施設の状態も職員の認識もさまざまであることがわかります。具体的には、夏季における室温を25〜27℃に保つという施設の基準に沿って調節している場合や、外気よりも２〜３℃低くすることを目安としている場合もありますが、「入所者が暑くも寒くもない

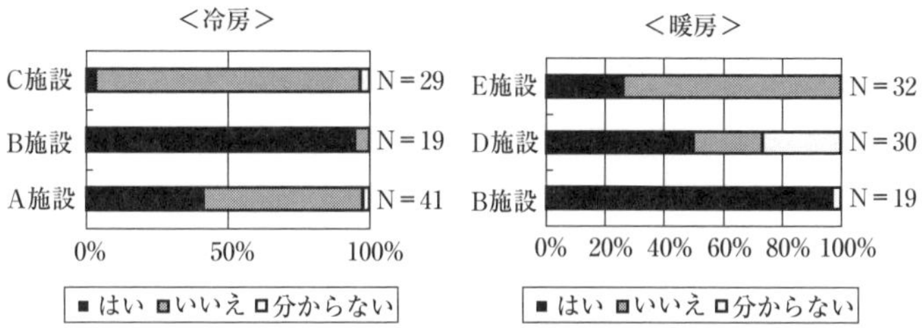

図37　施設における冷暖房の設定温度基準の有無

ように調節している」、「入所者が暑がっているときに調節している」、「入所者の様子をみながら調節する」などの対処方法が中心となっています。

また、暖房についてもＤ施設とＥ施設では設定温度の基準があるとの回答は半数以下でした。

これらから、施設によっては、一応の空調の基準をもちながら、高齢者個々の心身の状態に応じて個別に対処している様子が浮かび上がり、室温を調節する職員のケアの質に影響される要因が大きいことが考えられます。

では、施設においてどのように温度管理をしているのでしょうか。

図38の冷房時をみると、「入所者の意見や室温への反応によって調節している」との回答が最も多くなっています。その内容としては、「入所者の状態を観察することによって調節する」、「入所者の希望や心身の状態により職員が判断する」、「入所者の訴えによって判断する」、「入所者や職員の体感温度で決める」、「入所者の訴えや部屋の温度計を見て判断する」などでした。また、「職員の体感温度によって決めている」という回答もあります。

このような傾向は、冬季の暖房での温度管理においてもみられ、施設における温度管理は、入所している高齢者の意見や反応によって決めていることが主でした。

しかし、一方では、利用者の訴えや反応がない場合には、対象者に合わせたきめ細かい調節ができにくい状態があることも、施設の実態測定の結果から推測されます。

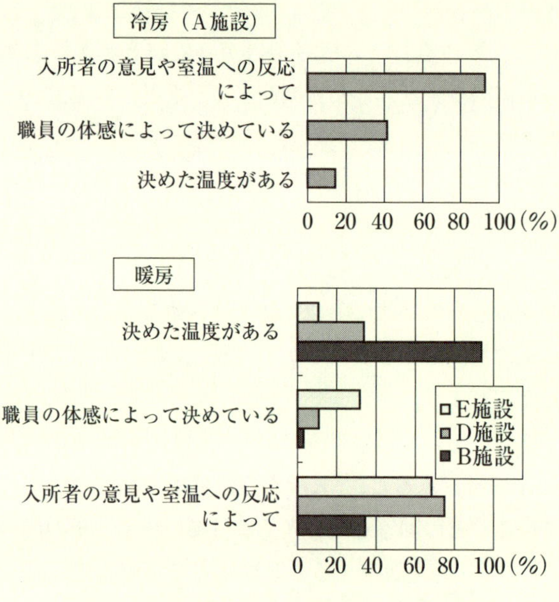

図38　冷暖房運転時の温度の管理（複数回答）

B．温熱環境の観察と調節の目安

職員に対して温熱環境の観察について行っていることを聞くと、

図39のように「高齢者の様子を気にしている」という回答が最も多く、次いで、「高齢者に快適温度を聞く」、「温度計で居室の温度を確認している」、「外気温との差に気をつける」、「天気予報を気にする」などが主な内容です。

また、施設職員が冷房による温度調節について意識的に考えている具体的な内容は、「冷えすぎに注意する」という回答が最も多く、「こまめに巡回し、寒くならないように気をつける」、「温度表示だけで暑さ寒さを決めず、体感や利用者の様子などをみる」、「冷風のあたるベッドについては、風よけの工夫をする」、「体温調節の困難な人、訴えのない人には、さらに細かい配慮をする」、「自分の意思を伝えられない人が汗をかいていたり、咳や鼻水がでているときには温度調節を考慮する」、「職員が訪室した際、暑さや寒さを感じたときに温度調節をしている」、「体調不良者がいる場合には温度調節について個別にきめ細かく配慮する」などがありました。

温熱環境の調節をするときの目安をどのようにしているかを聞いてみると、**図40**のように職員が居室に入ったときの温度の感じ方によって調節する場合や、高齢者が訴えてきたときに調節すること

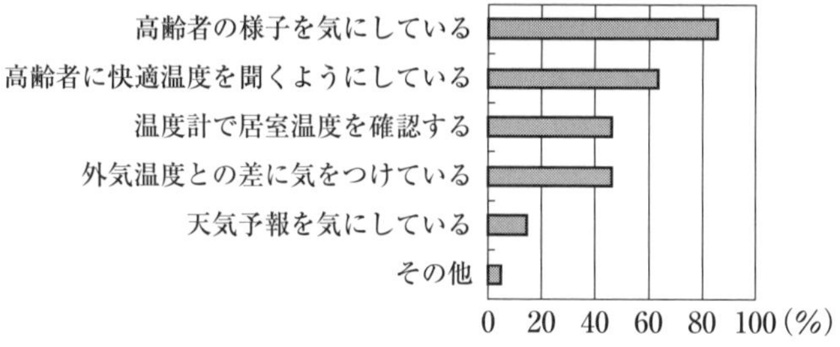

図39　温熱環境の観察について日頃行っていること（A施設：複数回答）

が多いようです。ほかには、「季節の変わり目」、「外気温との差が大きいとき」、「高齢者の体温の変化からみて」、「高齢者の着衣が変わったとき」、「高齢者の寝具の使い方によって」、「天候不順のとき」、「高齢者の寝ている場所の高低を意識して」などに配慮して調整されていました。また、高齢者の移動能力、皮膚の状態からみて調節しているのもあり、高齢者の心身の状態や環境要因を考慮したうえで調節している様子がわかります。

しかし、職員の体感による目安や高齢者の訴えによっての目安が主であることからすれば、職員に気づかれない高齢者の変化もさまざまにあることが予想され、十分な対応がなされない場合もあると考えられます。

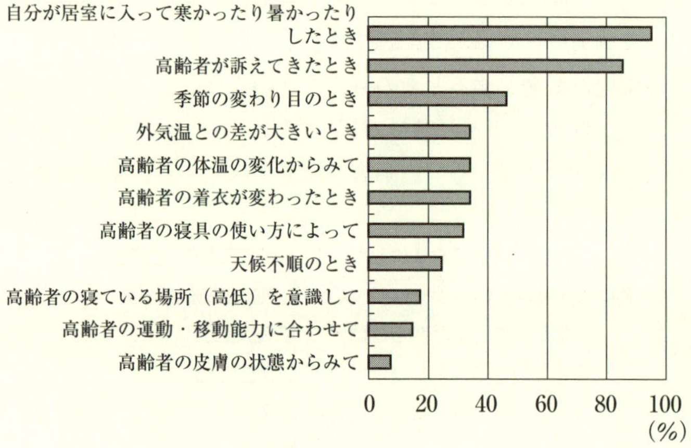

図40　温熱環境の調節をするときの目安（Ａ施設：複数回答）

C．高齢者の健康との関連で温熱環境に気をつけていること

温熱環境で高齢者の健康との関連で気をつけていることについて聞くと、夏季については図41のように「高齢者に風邪をひかせないようにしている」が最も多く、次いで「高齢者の冷えに注意している」の順に多くなっています。また、「睡眠との関連に注意している」や、「高齢者の体温調節機能の低下を常に意識している」、「脱水予防や温熱環境と食欲との関連に注意している」などが主な内容です。

冬季の暖房についても同様の内容でしたが、「肌の乾燥に注意する」といった冬季の低湿環境による皮膚の乾燥や脱水予防に注意する内容が加わっています。なお、冬季よりも夏季の温熱環境の方が高齢者の健康に影響が大きいと認識し、気をつけている様子がうかがえます。

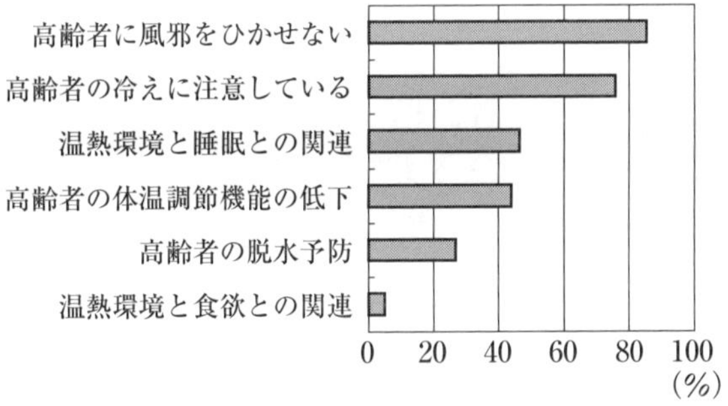

図41　温熱環境で高齢者の健康との関連で気をつけていること
（A施設：複数回答）

D．夏季の温熱環境の影響による健康不調について

職員が日頃から気づいている温熱環境の影響による高齢者の体調不良については、A施設の調査結果では、夏季の空調による健康不調があるとの回答が86%で、ないとの回答は12%でした。このことから夏季の温熱環境調整による健康不調について認識している職員が非常に多いことがわかります。

冷房による健康不調の内容をみると、風邪、喉の痛み、体のだるさの訴え、食欲低下、体調不良の訴え、発汗、下痢、脱水、関節の痛み、冷えによる腰痛、体の痛みなどのほか、不眠もあります。

ある例では、夜、寝入るまでエアコンをつけ、睡眠中には止めてもらうはずであったが、職員が忘れて朝までつけたままにしたところ、翌朝その利用者は、嘔吐し、食欲不振と風邪の症状を訴えたといいます。職員の話によると、冷房がダメだと思いこんでいる高齢者ほど体調を崩すことになり、普段からそのことを考慮した調整が必要であるといいます。

また、高齢者の場合、室温が高いと体温が上がってしまう場合もあり、さらに睡眠不足により一日中ボーッとしていたり、食欲が落ちたりする人が見受けられます。A施設の入所者に対して、夏季の温度調節で困っていることがあるかどうかについて聞いたところ、困っていることがあるとの回答が42%あり、その内訳は、身体面のことが最も多く、次いで、心理・精神面、人間関係の問題などがあげられています。また、快適でないときの工夫としては、衣服の調整、寝具の調整、扇子であおぐ、扇風機をつかう、窓を開ける、涼しい所に移動するなどがあります。

施設入所の高齢者が実際にどのように感じ、どのように対処しているのかについて、以下に事例を紹介します。

＜事例1＞

89歳の女性で脳血管障害のあるMさんは、冷房中でも必ず窓を開けていないと息苦しいといい、介護職員が窓を閉めると必ず開けて欲しいと声をかけており、冷房は好きでないといっています。これまでの生活では、必ず外からの風を感じられる状態であったため、そうでないと苦痛であるといっています。

＜事例2＞

95歳のSさんは暑がりで、冷房をもっときかせてほしいとの要望があります。暑くて眠れないといい、冷房の風のあたるところで涼むようにしたいといいながらも、外の風が入ってきてほしいとの要望があります。

＜事例3＞

88歳の男性で、頸椎後縦靱帯骨化症のあるNさんは、足や下半身のしびれがあり、冷えるのが苦痛であるといい、下肢の冷えには夏でも、電気毛布や使い捨てカイロなどを使って温めています。また、ベッド上にいるときには、冷風が頭部にあたらないようにカーテンで遮り、毛糸の帽子をかぶっています。さらに、冷風があたると鼻がつまって、風邪をひいたようになるといい、マスクをつけたりもしています。

＜事例4＞

脳梗塞後遺症で寝たきり状態にある73歳の男性の場合は、ずっとベッドで寝ているときは、部屋の温度が低いと感じられときもあるといい、下肢に風があたると痛く感じられるので必ず掛け物を掛けています。

＜事例５＞

重度の認知症のある91歳の女性の場合には、夏でも長袖の衣類をたくさん着込み、汗を大量にかきながらも寒いから掛け物を掛けてと訴えています。また、一方では、暑いといいながら掛け物を掛けたがる状態もみられます。

＜事例６＞

変形性膝関節症のある92歳の女性は、暑がりであるといいながら、同室に冷房の嫌いな人がいるために暑くても我慢しているとのことです。さらに、ベッド上の排泄の失敗を心配して防水シーツを敷いているため、暑さを増加させている状態がみられます。

＜事例７＞

両下肢にしびれや痛みのある75歳の女性は、クーラーが入っていると敏感に下肢のしびれや痛みが増強するといい、下半身は、防寒のために重ね着をしていますが、上半身は、薄着で、始終うちわであおいでいる状態です。この人の場合には、同室者に94歳で、暑がりの人がいるため、冷房の温度調節のことで両者の間でトラブルが絶えず、お互いに気まずい状態となっています。

＜事例８＞

肺気腫のある89歳の女性は、風があたるのを極端に嫌い、薄い紙が揺れている程度の微風にも敏感であり、クーラーの風が一切、自分の方に来ないようにと、送風口を遮るように段ボールで覆い、また、ベッドの向きを変えて対応しています。

＜事例9＞

腰痛のある91歳の女性は、自分でも暑がりといっており、暑くて寝苦しく、汗びっしょりで、夜中に何度も起きるので、睡眠不足が続いているといいます。本人としては、冷房をもっときかせて欲しいと望んでいますが、同室者に冷房の嫌いな人がいるためにトラブルの原因になっています。そのため、我慢できない場合には、個別に扇風機を使って対応するようにしています。

E．冬季の温熱環境の影響による健康不調について

暖房時の温熱環境調整については、夏季の冷房と比べると高齢者の苦痛の訴えも少ないようです。介護場面における暖房時の配慮として日頃から気をつけている内容には、「風邪をひかせないように注意している」が最も多く、また、「皮膚掻痒症を悪化させないように肌の乾燥に注意する」、「脱水予防に注意する」なども多くあげられています。

暖房についての問題点として、「暖房の温風がからだにあたって寒さを訴える人がいる」、「床暖房は居室での温度調節ができない」などもあがっていますが、暖房による温度上昇によって低湿環境になることの弊害を防止することが中心の課題となっています。

暖房時における湿度の感覚について施設職員の意見を聞くと、**図42**に示したように、「乾燥している」「やや乾燥している」との回答が多く、暖房に伴う乾燥が気になっている様子がみられます。また、「加湿のための工夫の有無」については、ほぼ8割の人が「何らかの工夫をしている」と回答していました。加湿の工夫については、「換気する」、「洗面器に水をはって室内に置く」、「濡れタオル

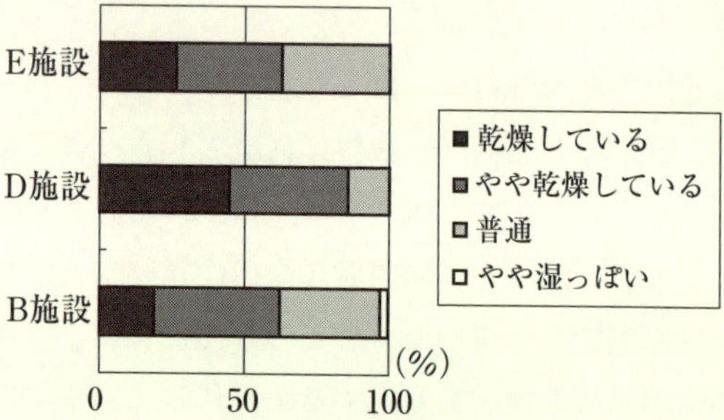

図42　暖房時の乾燥感

を置く」、「霧吹きをする」、「加湿器を置く」などがあげられています。しかし、これらの加湿の工夫に対する効果については、「十分である」が1割程度で、「やや不十分」「不十分」を合わせると7割以上の職員が不十分であると回答していました。

以上のように、冬季の低湿環境に対して各施設では風邪やインフルエンザ予防のため、乾燥しすぎないよう加湿に注意を払っている様子がうかがえます。しかし、低湿環境への対応として最も多かった換気については、外気温が低く絶対湿度の低い冬季に換気を行うことは、室内を加湿することにはならず、逆に湿度を低下させるので改善の余地があります。また、低湿環境への対応として「加湿器の利用」、「室内に水をはった洗面器を置く」、「湿ったタオルを掛けておく」などの対処をしている所もありますが、洗面器や湿ったタオルによる加湿への効果は、換気量の多い施設では期待できない状況です。

一方、冬季の空調に対する高齢者の意見を聞くと、「喉の渇き」「皮膚の乾燥」「皮膚の掻痒感」などの訴えがありますが、職員の方から聞かないと低湿環境に対する高齢者の訴えはほとんどなく、低湿環境への対応が遅れがちになることが考えられます。たとえば、冬季に問題となる高齢者の皮膚掻痒症は、入浴時に全身におよぶ皮膚の引っ掻き傷を見て気づくことが多いようです。皮膚掻痒症は、高齢者の乾皮症ともいわれ、皮膚の保湿性低下と空気の乾燥による影響、また、暖房による低湿環境との関係が大きいといえます。この対応としては、入浴後に保湿性のあるクリーム類を皮膚に塗ることが一般的ですが、加湿についてのきめ細かな対応も合わせて実施することは少なく、それぞれの状態によって対応がまちまちであるのが現状です。

F．施設における温熱環境調整の課題

介護施設での温熱環境調整の課題として、高齢者の心身の状態に個別性が著しく、調節するときにさまざまな状態を考慮した対応が必要であること、また、高齢者の温冷感もさまざまで、共同利用の居室などの温熱環境調整が難しいこと、冷房や暖房の風向きの調整が難しいことなどがあげられています。

寝たきりの人や、自ら温熱調節ができない人、訴えのない人への対応は難しく、対象に合わせた個別の対応が必要ですが、調節の目安がつかみにくいことが課題としてあげられています。このような場合、現場で実施していることは、肌に触ったり、体表面の温度を確認して冷たくなり過ぎていないか観察することです。また、手足の冷え方を観察したり、体温を計ったりして対応の目安を得ようとしています。さらに、発汗の状態や、水分摂取量を観察し、水分の調節にも気をつけています。ほかには、高齢者の顔の表情、衣服、

布団の使用状態の観察と、居室に入ったときの室温の感じ方、同室者のいる部屋では、ほかの入所者に聞き、一人部屋の場合は、職員の感覚によって調節するなどしています。

また、下肢の痛みのある例では、暑くても、足の冷えを避けたいために冷房の設定温度を上げたがる場合もあり、個々の条件に差が大きいことも快適温の感覚を偏らせることになっています。

さらに、高齢者個々の心身の状態が異なり、日々の変化もあるため、その変化を十分にとらえた対応が必要ですが、身体面での変化として現れたときに初めて認識されることになりやすく、体調不良として表れる前の予防的な対処となっていないことがわかります。

また、部屋の向きによって日射の入り方に違いがあるため、冷暖房のきき方に違いがでてきます。したがって、各部屋の特徴を知って温湿度の調整をきめ細かくする必要があります。しかし、空調機からの風向きの調節が難しいため、一つの部屋の中でも場所によっては体感温度が変わってしまったり、夜間や睡眠中などに特定の場所だけが冷えすぎになる場合もあります。

高齢者の中には風に敏感な人が多く、また、同じ温度でも利用者によって暑かったり寒かったりするので、複数の利用者がいる居室の温度調節を一層難しくしています。

一例をあげると、四人部屋で、一人の人がとても暑がりで、23℃に自分でセットしてしまい、職員が設定温度を変える旨を伝えて25℃に調整してもすぐに戻してしまう状態です。その繰り返しで、同室の人が冷えを訴えることになっていますが、両者の意向に合わせた温度調整が難しく、同室者間で人間関係が悪くなってしまったとのことです。同室の人がそれぞれの体感に合わせて温度設定の希望をだすため、どのように調節するのか決めかねることが多く、また、同室者に訴えのない人がいると本人は暑いのか寒いのかよくわからないので訴えのある方に合わせることになりやすく、その点でも調整が難しいといえます。

また、高齢者と職員との体感の違いについて、職員が働いているときには暑いと感じていても、低い位置で利用者と話をしていると寒いと感じるときがあり、介護職員の感覚で調整することが高齢者の状態に合っていないことを知るきっかけとなる場合もあります。

日頃の温度調節で職員が困難に感じている内容の中に、高齢者自らが温度設定の数字がよくみえない状態で調節し、低くなり過ぎる場合があげられています。この場合職員がそれぞれの部屋に入ってその都度、設定温度を確認する必要があります。

高齢者の積極的な健康維持増進に向けて日常生活面での取り組みが必要ですが、温熱環境の調整については健康異常への予防的対処にまでは至っていないのが現状です。

以上のことから高齢者介護施設における温熱環境調整の視点として、以下のことがあげられます。

1．温熱環境と高齢者の健康状態の関連について知識をもち、高齢者の健康状態を常にきめ細かく観察すること。

2．居室の目立つ場所に温湿度計を設置し、常に温熱環境に注意を向け、高齢者の個別の健康状態に合わせた環境を整えること。

3．高齢者の温冷感の特徴を把握し、健康不調を予防する対応をすること。

4．健康状態を常に把握し、温熱環境をきめ細かく調節すること。

5．空調の気流の向きに注意し、風が直接体にあたらないようにすること。

6．冬季の暖房時には温度だけではなく湿度も観察し、きめ細かく調節をすること。

7．高齢者施設における空調設備の特徴を知り、高齢者の居室の位置、高齢者のいる位置や高低の状態に合わせた温度調節をすること。

8．高齢者の移動能力や活動状態に合った温度の調節をすること。

9．空調と高齢者の衣服、寝具環境を合わせて温度調節の目安をみること。

10．外気との温度差が激しくならないように調節すること。

コラム 8

高齢者施設では廊下がダクト代わり？

法律によって、あまり高い建物が建てられない場所があります。たとえば高さ10m以上の建物が建てられない地域の場合、２階建てにするか３階建てにするかでは、使える面積に大きな差がでてきます。１階の床の高さを低くしすぎると、降雨時に水浸しになることもあるので、１階の床は地面よりある程度高くなくてはなりません。無理やり３階建てにしようとすると、１階あたりの床から天井までの高さを低くしなければなりません。以前は天井裏にダクトと呼ばれる空気の通り道を作って温度調節した空気を各部屋に送っていたのですが、そのダクトを置くスペースがなくなってしまいます。

そこでよく使われるようになったのが、廊下をダクトの代わりとして使う空調方式です。この場合、屋外の新鮮な空気を取り込み、温度や湿度を調整した後、廊下の天井から廊下に空気を吹き出します。そしてこの空気は廊下を通って、各部屋まで届き、各部屋の換気扇から外にでて行きます。

（北原）

2 医療施設における温熱環境の現状と問題点

(1) 小規模病院

一般に小規模病院では、各部屋ごとに設置されるカセット式冷暖房器による個別空調が多く採用されています。しかし、これらは温度調整を対象としているため、湿度に関してはなりゆきとなることが多く、また、新鮮外気との積極的な換気が十分でないことも多いようです。そのため、夏季には除湿される量が少ないので高湿度となりやすく、また、冬季には加湿されることが少なく低湿度になり、室内空気が著しく乾燥することも多いようです。そのため、インフルエンザなどの院内感染、過度の空気乾燥で生じる静電気による医療機器の誤動作、入院患者の呼吸器疾患の増悪、あるいは、皮膚掻痒症の発生など、さまざまな問題が生じることも多いようです。

図43は東京都内の某小規模病院の病室における10分ごとの温湿度を冬季（2月）の一週間にわたって連続記録したデータを、横軸を温度、縦軸を相対湿度としてグラフにプロットしたものです。平均温度は23.0℃（標準偏差＝±1.1）と特に問題はなかったのですが、平均相対湿度は26.9％（標準偏差＝±6.5）と、ビル管理法で定められている最低レベル40％を大きく下回っており、最もひどい場合にはなんと5％付近まで低下していました。また、このときに測定した炭酸ガス濃度も約1,100ppmと、ビル管理法で定めている基準の1,000ppmを超えており、著しく換気不良な状態にあることを示しました。冬季におけるこのような低湿度と換気不良は、同様の空調方式を採用しているほかの小規模病院においても恐らく似た

ような状態にあるのではないかと思われます。

(2) 大規模病院

一般に大規模病院においては中央式空調方式やゾーン空調方式などを採用するために空調計画がなされており、室内の温熱環境は小規模病院に比べて良好な状態にあるものと思われます。しかし、院内感染対策のための全外気空調方式などが採用されている場合、省エネ運転の方法次第では冬季に取り入れる外気を加湿することが不十分となりやすく、小規模病院と同様に温湿度問題が発生する可能性があります。また、夏季には除湿のための空調負荷が大きくなるために高湿度になりやすく、冬季には逆に、結露対策のために十分

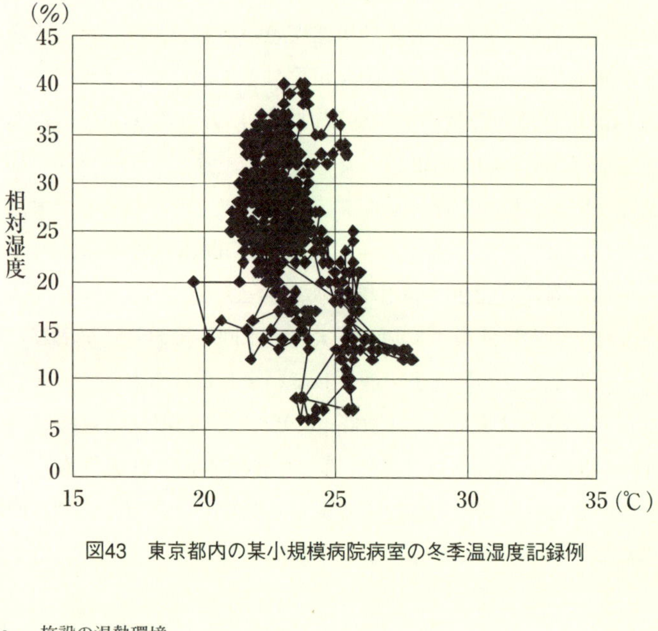

図43　東京都内の某小規模病院病室の冬季温湿度記録例

加湿されない場合には低湿度になることもあると思われます。さらに、院内における組織・配置の変更や近年の急速な医療機器のIT化によって、当初計画された熱負荷を大きく上回る多数の発熱機器が導入され、種々の温熱環境問題が発生する場合があります。

図44は、東京都内にある某大規模病院のナースステーションにおいて夏季の24時間にわたる温湿度を連続調査した結果の一部です。このナースステーションは当初の空調計画では全く予定されていなかった患者用のモニター機器が多量に導入されたために発熱量が増え、そこで働く看護師から「暑い」というクレームが多くでています。確かに湿度は快適範囲であるものの、室温が30℃を超えており、看護師という代謝量の大きい労働を考えるとかなり暑い環境といえます。当初の空調計画で想定されたものと大きく異なるような使用状況の変化やリニューアルにあたっては注意する必要があります。

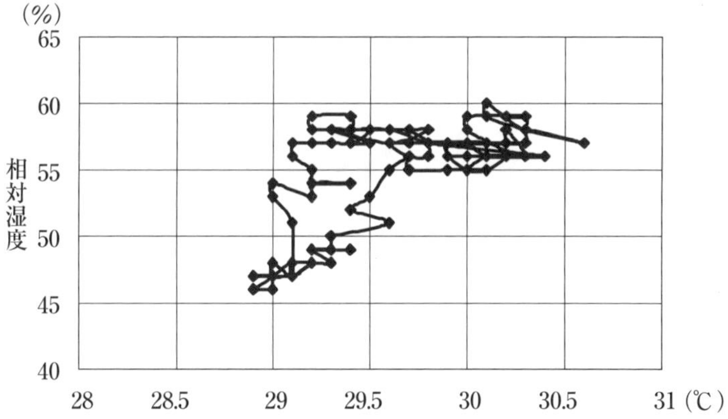

図44　ナースステーションの一日の温湿度変化例

第7章

暖房や冷房に用いられる機器の原理と使用法

① 住宅編

住宅内において冷房には主にエアコンが使われますが、暖房にはいろいろな器具が使われます。ここでは代表的な器具について特徴や使用上の注意点を説明します。

a）ストーブ

ストーブは燃料や電気を使って熱を発生させるもので、石油ストーブやガスストーブ、電気ストーブ、さらには石炭ストーブなどの種類があります。

ストーブは小さいわりに暖房する力が強く、価格も比較的安いといった長所があります。一方で、石油やガスなどの燃料を燃やすタイプでは換気をしないと燃焼に必要な酸素が足りなくなり、不完全燃焼をおこしたり、場合によっては一酸化炭素中毒を引きおこすこともあります。また、排気ガスが室内に吐き出されるので部屋の空気も汚れてしまいます。これらを踏まえて燃料を燃やすストーブを使用する際には特に換気に気をつける必要があります。

なお、電気ストーブは部屋の酸素を使うこともなく排気ガスの心配もありませんが、エネルギーの面からみると大変な無駄遣いをしているのです。発電所において電気をつくり出す場合、もととなる燃料がもっているエネルギーの1/3程度しか電気のエネルギーに変えることができません。そのため石油ストーブの代わりに電気ストーブを使うとなると、同じだけ暖めるのに３倍近くの燃料を使うことになります。

またストーブ本体やその周辺が大変高温になるので、特に認知症の方がいる場合は火傷などに気をつける必要があります。

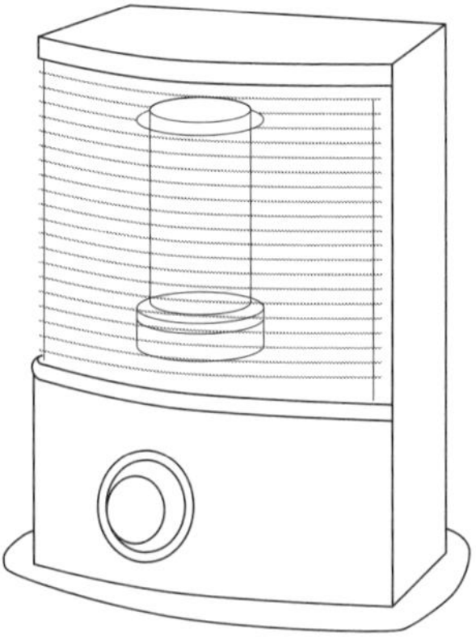

b）ファンヒータ

ストーブと似ていますが、石油やガスといった燃料や、電気によって暖められた空気をファンを使って部屋に暖かい空気を送り出すのがファンヒータです。

ファンヒータは温風が吹き出されるため、ストーブに比べて部屋全体を早く暖めることができます。ただし、石油やガスなど燃料を燃やすタイプのファンヒータは、室内の酸素を使って燃料を燃やし、さらに、燃焼後の排気ガスも室内に吐き出すため、換気には十分気をつける必要があります。

また、ストーブと比べて機器自体は熱くならないものの、吹き出された風に直接あたり続けると、火傷をおこしたり皮膚が乾燥したりする場合があるので注意しなければなりません。

c）FFファンヒータ

室外の空気を取り込み、排気ガスも室外に吐き出すことができるように改良したファンヒータが、FFファンヒータです〔FFとは強制的に空気を吸い込んで吐き出す「Forced draft balanced flue」（強制給排気）を略したものです〕。

FFファンヒータは排気ガスを室内に吐き出さないので、室内の空気が汚染されない利点があります。ただ人は呼吸の際に酸素を吸い込み、二酸化炭素を吐き出していることを忘れてはなりません。そのため、FFファンヒータを使っているからといって換気がまったく必要ないとはいえないのです。

日本海側など、冬でも外気の湿度が高くなりやすい地域で普通のファンヒータやストーブを使うと、排気ガスに含まれる水蒸気によって室内の湿度がさらに高くなり、結露をおこすことがあります。

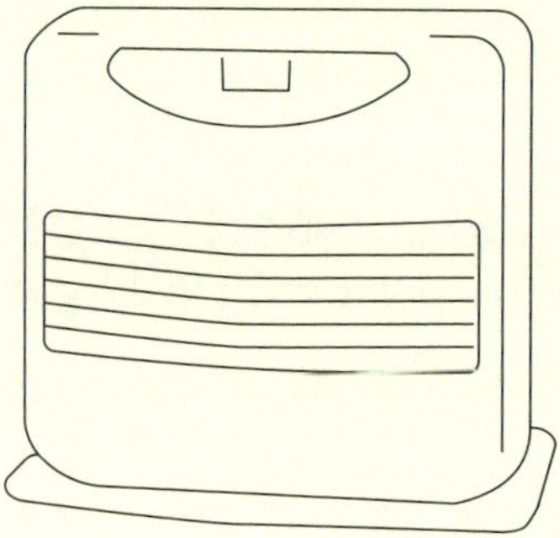

ファンヒータ

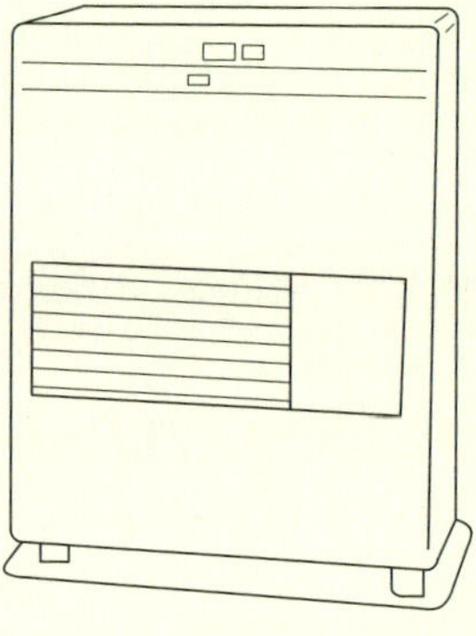

FFファンヒータ

FFファンヒータでは水蒸気を含んだ排気ガスは外に吐き出されるので、ファンヒータに比べ結露の問題も少なくなります。

ただFFファンヒータの場合、家の外から空気を取り込み、家の外に排気ガスを吐き出すための管が必要となるためFFファンヒータを取り付ける場合には工事費用がかかります。また普通のファンヒータに比べて本体自体も割高になっています。

コラム 9

エアコンと電気ストーブの違い

お湯を湯飲みに入れていると次第に冷めてきます。これは熱いお湯から湯飲みの周りに熱が伝わったためです。また冷えたジュースを部屋に置いておくとジュースが温かくなってしまいます。これは部屋の空気から氷に熱が伝わったためです。このように普通、熱は熱いものから冷たいものに伝わり、熱いものはぬるくなり、冷たいものは冷たくなくなります。これは自然におこります。

こうした自然現象より温かいものをもっと熱く、冷たいものをもっと冷たくできるのがエアコンです。エアコンは電気のエネルギーを使って、冷たい空気から無理やり熱を奪い取り、熱い空気に熱を与えているのです。そこで「熱のポンプ」、「ヒートポンプ」と呼ばれることがあります。

一方の電気ストーブを使うと周りを暖めることができますが、冷やすことはできません。

電気ストーブは1kWの電気を使うと、最大で1kWの熱がでてきます。これで暖房することができます。しかし、エアコンは1kWの電気を使うと4kWくらいの熱を外から部屋の中に運び、その際に使った電気と合わせて5kWくらいの熱を出すことができます。エアコンによってはもっと多くの熱を運ぶものもあります。電気ストーブよりエアコンの方が経済的なことがわかります。

（北原）

d）オイルヒータ

普通は平たい管が何枚も重なった構造をしており、その管の中にオイルが入っています。そのためオイルヒータと呼ばれます。電気を使ってオイルを温めるとそのオイルが管の中を動いて管全体を暖め、この管が空気に熱を伝えます。管全体の面積が広くなればなるほどオイルの温度が低くてもたくさんの熱を空気に伝えることができます。通常のオイルヒータでは管がむき出しになっているため、赤外線などの形で直接管から人に熱が伝わり、部屋の空気の温度が同じでも、オイルヒータを使うと暖かく感じやすくなります。

ただし、電気ストーブと同じように電気をそのまま熱に変えているため、エネルギーの面では無駄遣いになる場合があります。また、管の温度が高い場合もあるので火傷などの注意が必要となります。

e）床暖房

床暖房にはいくつかのタイプがあります。家庭で一般的に使われているのが電気を流すと熱がでる線を床に埋め込んだタイプです。また、床に管が埋め込まれていて、その中を温水が流れるタイプもあります。さらに、一部ではありますが床の下を温かい空気が流れるものもあります。

床暖房での生活を経験した人の多くは、足元が暖かくて大変快適と感じているようです。特に高齢者にとって足元が冷えないことは重要で、健康を維持するためにも役立っており、この点が床暖房の長所といえます。ただ、一般的に床暖房はほかの暖房方法に比べて設置のための費用が高いことが問題点としてあげられます。しかし、住宅の断熱気密性能がよければ、長時間の暖房でも経費（ランニングコスト）はそれほど高くなりません。また、湿度が低くなる場合もあるので湿度には注意が必要です。

床暖房は床の広い範囲を暖かくするため、とてもマイルドな暖房ができますが、床に人のからだが直接触れるため、設定温度を高くしすぎないことが重要です。また、失禁などがある場合、掃除を怠ると床暖房時ににおいが発生するのでこの点にも注意が必要です。

オイルヒータ

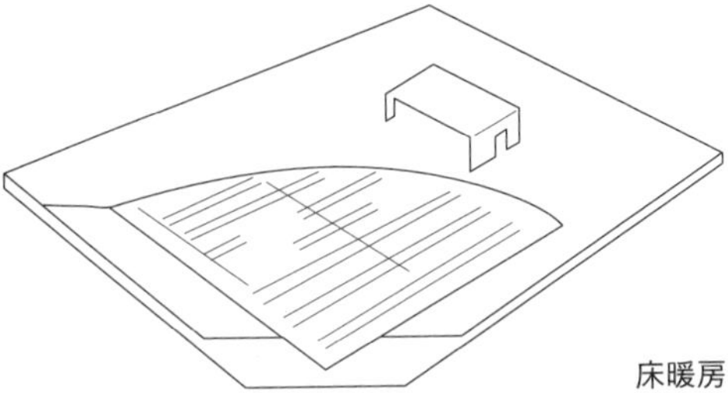

床暖房

f）コタツ

コタツは多くの日本人にとって非常に親しみのある暖房器具だといえるでしょう。コタツに入っているうちにうっかり寝入ってしまい、風邪をひいた経験のある方も多いと思います。古来、日本の住まいは隙間が多く、断熱性もあまりよくありませんでした。そのため部屋全体を暖めずに、部屋の一部を暖めてその中にからだの一部を入れたり、さらしたりして暖を取っていました。以前は木炭や練炭と呼ばれる固形燃料を燃やすコタツが多かったのですが、最近は電気で暖めるものが一般的です。燃料を燃やすタイプは、コタツの中に二酸化炭素や一酸化炭素が多く排出されます。この一酸化炭素がコタツの中から空気中にあふれ出し、空気中の一酸化炭素濃度が上がると中毒を引きおこすことがあるので注意が必要です。

コタツは比較的値段が安く、主に足を温めるので快適な温熱感覚が得られる長所がありますが、コタツから離れると、その温度差が大きいため、からだに負担がかかりやすくなります。

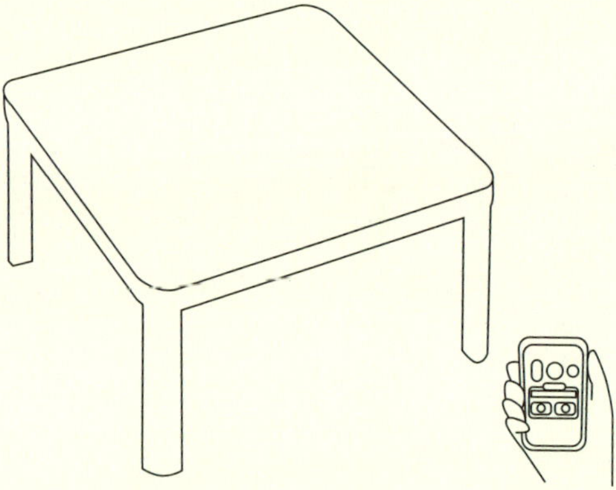

また、最近、ファンヒータの吹き出し口にパイプを取り付け、ファンヒータの排気ガスをそのままコタツに入れて暖めている方がいますが、この方法はコタツの中が汚染された状態になり、ファンヒータ側でも排気がスムーズに行われずに、不完全燃焼をおこす可能性があります。万が一不完全燃焼がおきると一酸化炭素が多量にでてくる場合があり、大変危険なので気をつける必要があります。

g）ホットカーペット

床暖房と構造は似ていますが、ホットカーペットの場合、カーペットの中に電気を流すと熱がでてくる線が埋め込まれています。

床暖房に比べて値段が安いうえ、上手に使うと床暖房のような暖房ができる長所があります。その一方で、長時間ホットカーペット上で過ごしていると、からだの接している部分が低温火傷をおこすことがあるので気をつける必要があります。

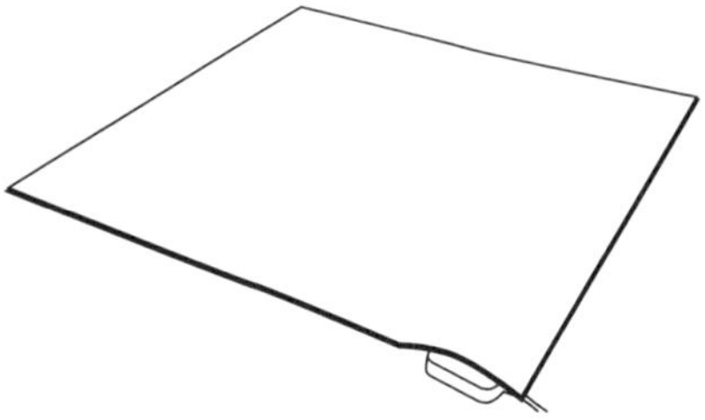

h）電気毛布

電気毛布は電気を流すと熱がでてくる線を毛布に埋め込んだもので、掛け毛布と敷き毛布の２種類があります。

床暖房やホットカーペットに比べ面積が小さく、さらに布団をかぶせているため熱も逃げにくいので消費電力が小さく、価格も安いのが長所です。ただ、高齢者の場合には設定温度を高くする傾向があり、低温火傷や水分不足をおこしやすくなるので注意が必要です。

また、品物によっては発熱する部分が均一ではなく、ところどころかなりの高温になる場合があるので、火傷への注意は特に必要です。

電気毛布は布団の中しか暖めることができず、夜中にトイレなどで布団から出るとからだの周りの温度が急激に変化します。その際にはからだへの負担も大きくなるので、この点も注意が必要です。

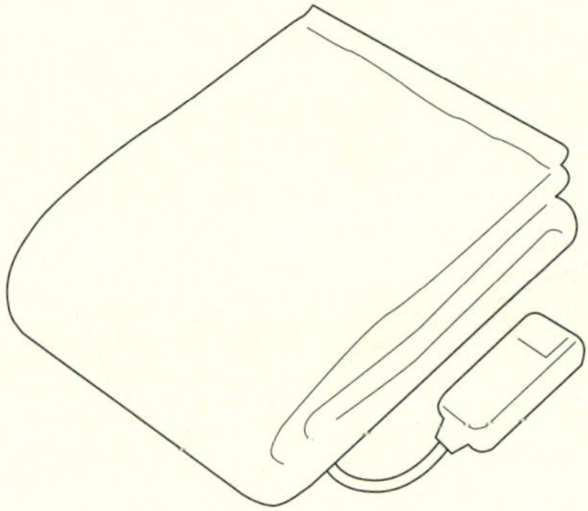

コラム 10

エアコンについて

その1　エアコンのしくみ

エアコンは冷媒と呼ばれる液体の入った管とコンプレッサと呼ばれるポンプ、そして膨張弁という器具でできています。

富士山の頂上では水は90℃になる前に沸騰し蒸発してしまいます。富士山の頂上と皆さんが生活しているところでは気圧（圧力）が違います。圧力が低くなると、水は低い温度で蒸発しやすくなります。また皆さんが注射するとき、看護師がアルコールの染みた脱脂綿で拭いてくれますが、このときすっとしますね。これはアルコールが蒸発したとき、皮膚から熱を無理やり奪ったためです。エアコンはこのような現象を利用しています。

富士山の頂上に水をもっていくのと同じように、冷媒と呼ばれる液の入った管の圧力を下げると低い温度で冷媒を蒸発させることができます。蒸発するとき、注射でのアルコールと同じように、周りから無理やり熱を奪います。また反対に圧力を上げると、高い温度で冷媒が凝縮して、周りに熱をたします。

このようにエアコンでは、低い温度でも圧力を低くして周りから熱を奪い、高い温度でも圧力を高くして周りに熱を出しています。

なお管の中を低い圧力や高い圧力にするために付いているのがコンプレッサと膨張弁です。

外の熱を部屋に運ぶときには、同じ量の熱を運ぶのに、室内と室外のそれぞれの熱交換器の温度の差が小さくなるほど、少ないエネルギーで運ぶことができ、効率がよくなります。

その2　省エネエアコン

今までのエアコンのほとんどは、室内と室外にある二つの熱交換器の温度差を自由に変えることができませんでした。でも最近の省エネ設計のエアコンでは、その温度差を自由に変えることができます。

冷房運転のし始めは、熱交換器の温度を室内機はぐっと低く、室外機はぐっと高くして、二つの熱交換器の間の温度差を大きくつけます。すると室内の空気の温度より熱交換器の温度がより低くなり、すばやく部屋を冷やすことができます。一旦しっかり冷えた後は二つの熱交換器の温度差を徐々に小さくして、効率のよい（少ない電気のエネルギーで多くの熱を外に出す）状態にします。以前はできなかった効率のよい運転が最近できるようになったため、省エネになりました。　（北原）

i）ルームエアコン

ルームエアコンは電気を使う冷暖房器具なので、燃料を燃やすストーブのように排気ガスで部屋が汚染されたり、触っても火傷をするようなことがない安全な器具といえます。ルームエアコンは電気ストーブや電気を使った床暖房と比べると、同じ熱を得るために必要な電力が大幅に少ないことが特徴です。またエアコンは空気を冷やすこともできます。このように一台で暖房したり冷房したりできるため、急激に普及してきました。ただし暖房時には部屋の湿度が低くなるため水分補給をしたり、加湿器などを使って部屋の湿度を高くしたりする必要があります。こうした弱点を克服するため最近は加湿機能を持ったエアコンも販売されています。

コラム 11

除湿運転は冷房運転より電気代が3倍かかる？

部屋の温度を下げずに室内を除湿できるエアコンが発売されています。このようなエアコンのリモコンには冷房運転や暖房運転のほかに、除湿運転のボタンがあります。さて皆さん「温度が下がらないのだから、冷房運転よりも除湿運転の方が、省エネで電気代がかからない」なんて思っていませんか？　実は、除湿運転をすると冷房運転の約3倍も電気を使うのです。

梅雨時などジメジメするときに除湿運転すると、さわやかに生活できますし、カビが生えにくくなります。健康のためにもよいと思われます。しかし、除湿の必要がなくて冷やすだけでもよいときには、除湿運転ではなくて冷房運転にしたほうが経済的です。地球環境にもやさしいですしね。

（北原）

j）ガスヒートポンプ（ガスエアコン）

エアコンで使われる電気モータの代わりにガスエンジンを使ったものがガスヒートポンプです。ガスヒートポンプもエアコンと同じく冷暖房が可能で、特にガスヒートポンプはガスエンジンが排出する熱も暖房に利用できるため暖房する力が大きいのが特徴です。ただし、ガスエンジンと電気モータが異なるのは、運転の際に酸素を必要とすることと排気ガスがでてくることです。ストーブとは異なり屋外に設置する機械でガスを燃やしますが、この室外機の周りは風通しをよくしておく必要があります。また、ガスヒートポンプを冷房に使うときは、エンジンでガスを燃焼させるため、電気で動く

コラム 12

風量の強と弱、どこが違う？

コラム10でエアコンでは管の一部が冷える一方、ほかの一部が暖まることを説明しました。実際のエアコンでは、空気に熱が伝わりやすくなるように管を束ねたうえ、フィンと呼ばれる薄い板がたくさん付いています。これを熱交換器といいます。そして熱交換器の熱を空気に伝えるため、ファンを用いて空気を熱交換器にあてています。

この場合、熱交換器の温度と空気の温度との差が大きいほどたくさん熱が伝わります。また熱交換器の面積が広いほどたくさん熱が伝わります。さらに風量が大きいほど熱が伝わります。

したがって、エアコンの風量が大きいほど、熱交換器から空気に熱が多く伝わるので部屋を早く冷やすことができます。さらに、風量が大きいと部屋の空気を均一にする作用も働きます。

でも、風量を大きくすると冷たい空気がからだにあたり、不快に感じることがあります。そこで適当な風量に調整することが必要になります。なお、吹出口に付いているフラップと呼ばれる風向き調整板を使うと風が直接からだにあたるのを防ぐことができます。　（北原）

エアコンに比べて、部屋を同じだけ冷やす際に排気ガスのほか、熱もたくさん出すことになります。そのため、外に置く機械の周りの風通しには特に気をつけなければなりません。

このように家庭でよく使用される暖房器具の長所と短所を整理したものが**表7**です。

表7　家庭で使われる暖房器具の長所と短所

器具名称	長　所	短　所
ストーブ（ガスや石油など燃料を使うもの）	・能力のわりに燃料費が安い ・移動することができる	・空気が汚れやすい（煙突がないもの） ・本体が高温になりやすい
電気ストーブ	・本体は安価 ・持ち運びが簡単 ・空気の汚れが少ない	・能力のわりに電気代が高い
ファンヒータ（燃料を使うもの）	・能力のわりに燃料費が安い ・移動することができる ・本体が高温になりにくい	・空気が汚れやすい ・温風にあたり続けると皮膚が乾燥しやすくなる
電気ファンヒータ	・本体は安価 ・空気の汚れが少ない ・持ち運びが簡単	・能力のわりに電気代が高い ・温風にあたり続けると皮膚が乾燥しやすくなる
FFファンヒータ	・空気の汚れが少ない ・結露がおこりにくい	・本体・工事費とも比較的高い

オイルヒータ （電気を使うもの）	・マイルドな暖房ができる	・能力のわりに運転費が高い
床暖房	・マイルドな暖房ができる	・工事費が高い ・掃除を怠るとにおいが発生しやすい
ホットカーペット	・安価にマイルドな暖房ができる	・部屋全体を暖めることはできない
コタツ （木炭など燃料を使うもの）	・足から暖めることができる	・排気ガスがコタツの中にたまる ・部屋との温度の差が大きい
電気コタツ	・足から暖めることができる ・排気ガスがでない	・部屋との温度差が大きい
電気毛布	・電気代が安い	・低温火傷や乾燥に注意が必要 ・部屋との温度差が大きい
ルームエアコン （電気式）	・能力のわりに電気代が安い ・排気ガスがでない	・暖房時には足元が暖まりにくい
ガスエアコン	・暖房能力が大きい	・冷房時に室外機からたくさんの熱が吐き出される

家庭ではこのほか加湿器や除湿機、空気清浄機なども使われることがあるので、これらについても特徴や注意点を説明します。

k）加湿器

太平洋側の冬は特に湿度が低く、毎年のようにインフルエンザが発生しています。インフルエンザを防ぐ一つの方法として部屋の湿度を高くすることがあげられます。この場合、湿度を高くするために家庭では加湿器が使われることが多くなりました。

家庭で使われる加湿器は、主に超音波式と加熱式の２種類です。超音波式は超音波と呼ばれる音の振動を使って水を細かくし、その粒を空気中に吹き出します。吹き出される水の粒は非常に小さく、多くは空気中で蒸発してしまいますが、一部は蒸発しきれずに床まで届き、床を濡らすこともあります。また、水道水を使うと、水道水に含まれるカルシウムやケイ素などの成分が蒸発できずに取り残され、加湿器の周りが白くなることがあります。さらに水のタンクの中で雑菌が繁殖すると、水の粒と一緒に雑菌が部屋に撒き散らされるので衛生管理に気をつける必要があります。したがって抵抗力の低い高齢者がいる部屋には、超音波式はあまりお勧めできません。

一方の加熱式は、水を加熱して蒸発させ、加湿します。超音波式に比べ消費電力は大きいものの、高温で殺菌が可能なため、菌の問

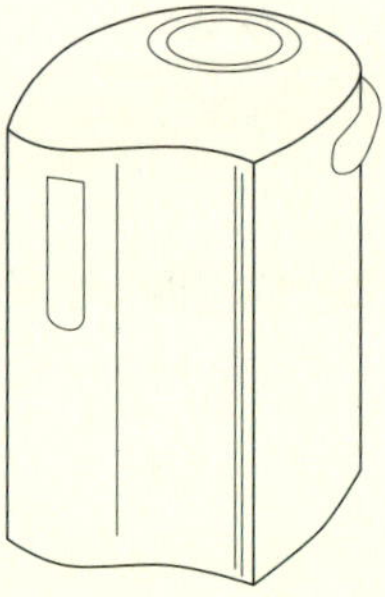

題も少なくなります。また、加湿器の中で水だけが蒸発して部屋に吹き出されるので、カルシウムやケイ素により、部屋が汚されることもありません。ただ、これらの成分が加湿器の中に残り、こびり付くので、定期的にこれらを取り除かなければなりません。

1）除湿機

除湿機は空気から水分を取り除き、湿度を低くするために使われます。主に梅雨時などに使われますが、日本海側の地方では冬にも使われます。除湿機にもいくつかのタイプがあります。

多くの除湿機は、エアコンと同じしくみで除湿しています。エアコンで冷房する場合には空気を冷やしますが、空気が冷えると空気の中に存在できる水分が少なくなります。空気中にいられなくなった水分は液体（水）となってでてきますので、空気中から水分を取り除くことができます。

一方、空気中の水分を取り除く除湿機もあります。空気中の水分を吸ったり吐いたりできる吸着剤を使うもので、このタイプをデシカント除湿機と呼ぶ場合があります。吸着剤にはたくさんの小さな穴が開いており、空気中の水分がその穴に蓄えられるのです。ただし、吸着剤はそのまま放っておくと、やがて穴が水で満たされるため、ときどきヒータなどで蓄えた水分を外に吐き出す必要があります。一般的に梅雨時など、比較的温度が高いときにはエアコンと同じしくみの除湿機が、冬の日本海側の地方で使われるように、温度が低いときには吸着剤を使った除湿機の方がよいとされています。最近は改良が進んでいるので、購入する際には電気店などで相談するとよいでしょう。

また、機械ではないものの、空気中の水分を吸い取る除湿剤も使われています。一般には空気から水分を吸い取り、その中に水自身が解けていく潮解という現象をおこす材料が使われています。こちらは価格が安いのですが使い捨てになります。

m）空気清浄器

空気清浄器はホコリや花粉、タバコの煙に含まれる細かい粒を取り除きます。これらの粒が通ることのできないフィルタを使って空気をこすタイプと、電気を使ってこれらの粒子を集めるタイプがあります。いずれも空気中から取り除いた粒は徐々に溜まってきますので、定期的に掃除をするか、交換しなければなりません。これを怠ると空気清浄器としての意味がなくなってしまいます。

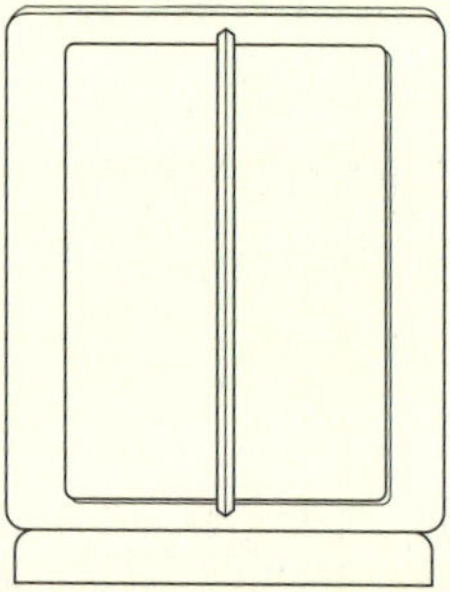

n）脱臭器

脱臭器はにおいを取り除きます。においを取り除くしくみはいくつかあり、脱臭器もいろいろなタイプが売り出されています。においの分子が付きやすい表面をもつ吸着剤を使って空気の中のにおいを取るもの、においの分子を別のものに変えられる触媒と呼ばれる材料を使うもの、さらにはマイナスイオンを吹き出すものなどです。

吸着剤を用いるタイプは、科学的な根拠がしっかりしているものの、吸着剤の表面につけることができるにおい分子の量に限界があるため、吸着剤の交換が必要になります。また、温度が高くなると吸着剤からにおいの分子が飛びでていく性質があり、気温が高くなると、脱臭器が逆ににおい発生器になってしまう場合もあります。

触媒を用いるタイプは、光や熱を使用した化学反応によってにおい分子を別なものに変えます。いずれもにおい分子が反応して新しくできた分子が無害である必要があります。メーカーでも一般家庭の空気の条件では多くの試験をして安全を確かめていますが、たとえば、染物を行っている部屋などでは、染料のにおい分子が有害物質に変わることがあるので注意が必要です。

マイナスイオンを使用するタイプには、電気を使って空気中の分子をマイナスにするものと、水を使ってマイナスイオンを発生させるものがあります。マイナスイオンはここ数年注目されていますが、人への効果は研究者により評価が分かれるのが現状です。健康によいとしている人もいれば、逆に悪いとしている人もいます。

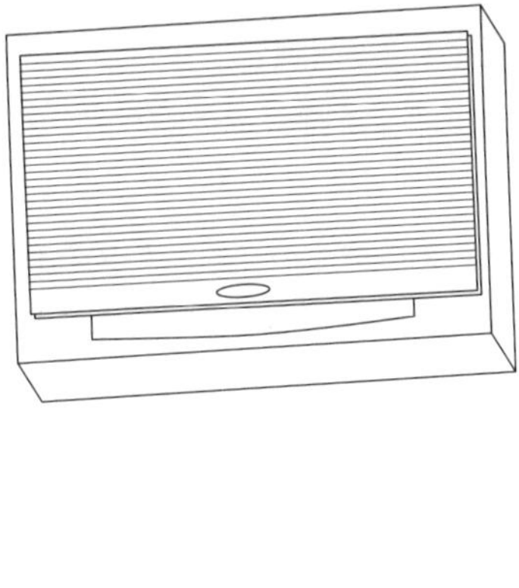

② 施設編

施設で冷暖房に使われる機器にはいろいろな種類がありますが、中でも代表的なものについて、特徴や注意点を説明します。

a）ファンコイル

高齢者施設で最も一般的に使われているのがファンコイルです。名前の通りファンとコイル、そしてこれらを収めるケースからできています。コイルは熱交換器とも呼ばれ、内部には銅の管にフィンと呼ばれる薄いアルミの板がたくさん付いています。この管の中を冬は暖められた水が、夏は冷やされた水（不凍液）が流れることによってコイルの周りの空気を暖めたり、冷やしたりします。こうして作られた空気はファンによって室内に吹き出されます。たとえば早く部屋を暖めたい場合には、「強」運転にするとファンが早く回り、暖かい（冷たい）風が多くでてきます。このように通常は空気の量を代えて温度を調節します。この際コイルに流れる水の量は変わりません。中には水の量を変えることができるものもありますが、高級なものに限られてしまいます。

ファンコイルは床の上に設置したり天井に取り付けたりします。床の上に置くタイプを「床置」、天井にはめ込むタイプを「天井カセット」といいます。天井カセットについては後で詳述します。

ファンコイルの本体自体は構造が簡単なため比較的価格が安くなっています。しかし、ファンコイルに温水や冷水を送らなければ暖房や冷房ができません。このための配管や、水を温めたり冷やしたりする設備に対する費用が高価になっています。

b）ビル用マルチエアコン

ルームエアコンでは普通、室外機１台と室内機１台がペアになっていますが、高齢者施設では個室や多床室など多くの部屋があるため、普通のルームエアコンを使ったのでは室外機が何十台も必要になります。そこで一つの室外機に何台もの室内機をつなげられるようにしたのがビル用マルチエアコン、通称「ビルマル」です。ほとんどルームエアコンと似た働きをしますが、各部屋で必要な温熱や冷熱の量が違うときに熱を伝える冷媒と呼ばれる液体を各部屋に送る量を調整するなど、高度な技術が組み込まれています。最近のものは大変効率がよく、少ない電気でも冷房や暖房ができるようになってきました。

各部屋に暖かい熱や冷たい熱を運ぶのに、ファンコイルでは水や不凍液が、ダクト空調システムでは空気が使われていますが、ビル用マルチエアコンでは冷媒が使われています。

ダクト空調システムに比べて工事費が安いうえ、省エネで信頼性も高いという長所があります。ただし、それ自体では新鮮な空気を

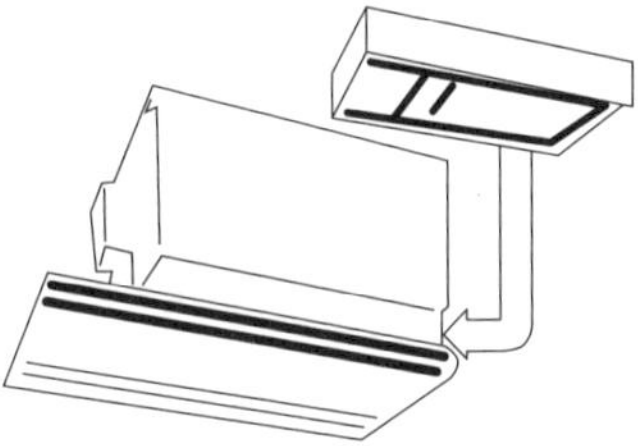

ファンコイル

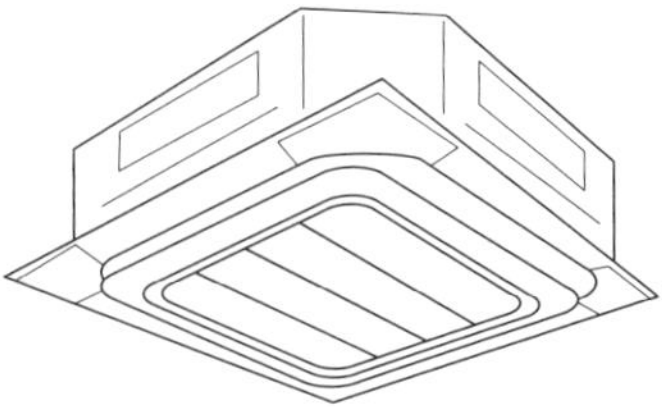

ビルマル

各部屋に送ることができないので、別に新鮮な空気を取り入れる必要があります。

またこのビルマルは日本で特に発達しています。

c）ダクト空調システム

ある場所で暖めたたり冷やされた空気を、ダクトと呼ばれる管を通して各部屋に送るシステムがダクト空調システムです。最近では天井裏や廊下をダクトの代わりに使う場合もあります。

人は酸素を吸って二酸化炭素を吐き出しているため、換気が必要となります。しかし、ダクト空調システムでは、外調機などを使うことにより、新鮮な外の空気の温度や湿度を調節したうえで各部屋に送り込むことができるという長所があります。ただしダクトを設置する工事の費用が高かったり、建物自体にダクトを通すための空間が必要になるなどの欠点もあります。

d）ルームエアコン

高齢者施設でも家庭用のルームエアコンが使われることがあります。主に使われているのは守衛室などです。日本の高齢者施設の多くは夜中には各部屋の冷暖房を止めますが、守衛さんは深夜勤務も

多いので、守衛室にルームエアコンを取り付け、夜間でも自由に使えるようにしています。また、ナースセンターもひっきりなしに使われていますが、こちらはパッケージエアコンと呼ばれる大型のエアコンが使われることが多いようです。

e）天井カセット

日本では、温めたり冷やしたりした空気を室内に吹き出す室内ユニットを天井にはめ込んだ、「天井カセット」と呼ばれる室内ユニットを使用する高齢者施設が増えてきました。天井カセットの中にはファンコイルやビルマルの室内機が収められています。

以前は床の上に置くファンコイルなどが多く使用されていました。しかし、最近では居住面積を増やしたいとか、室内をスッキリさせたいなどの理由により天井カセットが使われるようです。ただ、もともと天井カセットは冷房用に発展してきた室内ユニットですので、暖房の場合には注意が必要です。暖かい空気は冷たい空気より軽いため、暖かい空気を足元まで運ぶのが難しく、高さによって温度に違いがでやすくなります。

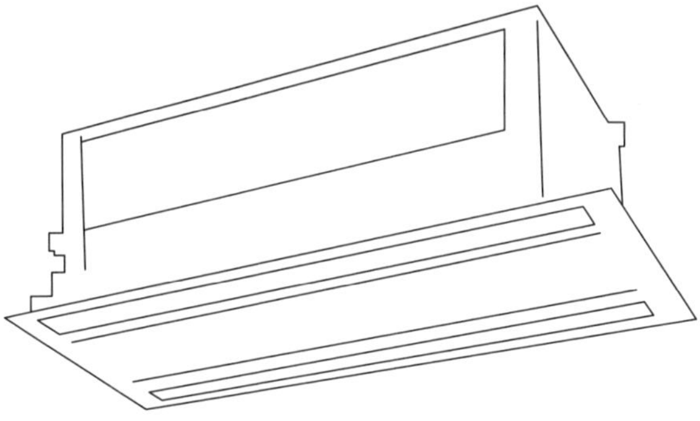

f）外調機

ダクト空調システムで外気を室内に取り込む際などに、外気を暖めたり冷やしたりするために使われます。ダクト空調システムでは、室内からの空気と新鮮な外気を混ぜて温度や湿度の調節をした後に各部屋に配りますが、外調機は室内の空気と混ぜる前に外気の温度と湿度を調整するために使われます。また室内の空気と混ぜずに、外気だけを各部屋に配る場合もあります。これをオールフレッシュともいいますが、この場合も外調機を使って外気の温度や湿度を調節します。

外調機には新鮮な外の空気を部屋に取り込むことができるという大きな利点がありますが、ダクト空調システムに組み込まれて使われることが多いため、ダクトを通すための工事費もかかるなど費用が割高になることもあります。さらに、機械のメンテナンスをしないと外調機に組み込まれている加湿器が働かなくなったり、空気の通路にカビが生えたりするのでこの点も注意が必要です。

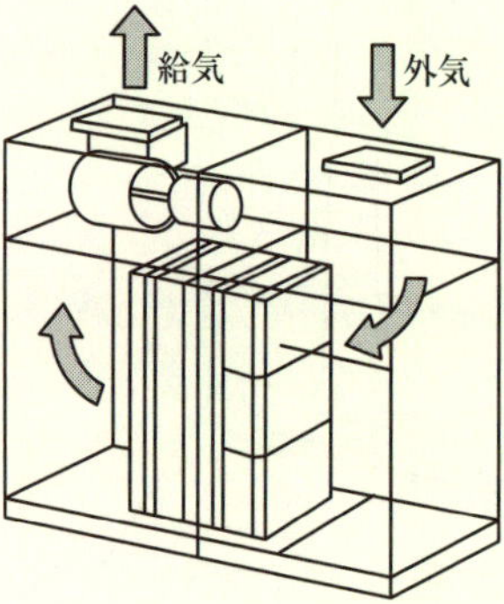

外調機

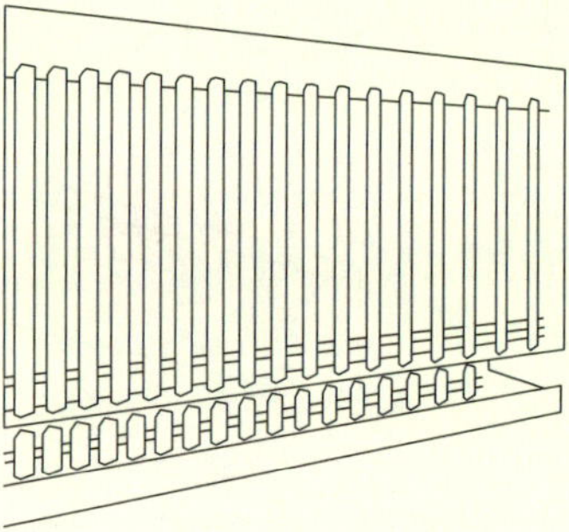

放射パネル

g）床暖房

最近では床暖房が採用されている施設が増えてきました。建設時に初めから床暖房を計画する場合には、床の中に水や不凍液を流せるようにした温水式の床暖房が多いようです。通常高齢者施設では浴室や食堂などでお湯をたくさん使うため、ボイラの設備が整っています。そのため、床暖房にはボイラで暖めた水を流して利用することが多いようです。

特にリハビリ室など、からだが床に接触する機会が多い部屋では快適な温熱環境を提供する床暖房の最大の長所が発揮できるといえます。こうした観点からも高齢者施設で床暖房を積極的に活用すべきですが、失禁などがある場合、においが発生しやすいため、清掃や換気が十分に必要となってきます。また、ほかの方式に比べて建設費が高くなることも欠点の一つとしてあげられます。

h）放射パネル

放射パネルは、マイルドな環境をつくることが可能なため、ヨーロッパを中心に広く使われています。たとえば暖房で使用する場合、パネルの面積が小さい場合にはパネルの温度を高くしないと暖房できませんが、パネルの面積を大きくすれば表面の温度をそれほど高くする必要もなくなるため、安全性も高くなるのです。

また、ファンなどを使っていないため、風が吹きでることはなく、からだに優しい冷暖房ができるのが長所です。しかし、部屋全体を均一に暖めるのにはかなりの時間がかかるのが欠点です。

なお、床暖房同様にパネルのほか、周囲の清掃を怠ると、においの問題がおこりやすくなるので注意が必要です。

h）吸収式冷温水発生機

特に高齢者施設での採用が多くなってきたものに吸収式冷温水発生機があります。ファンコイルやダクト空調のシステムにおいて、水や不凍液あるいは空気などを暖めたり冷やしたりする機械のことを熱源機器といいますが、吸収式冷温水発生機もその熱源機器の一つで、暖めることも冷やすこともできます。コンプレッサの動力を使って冷房するエアコンとは異なり、吸収式冷温水発生機では、100〜160℃程度の温度と外気の温度との差を利用して低温をつくり出し冷房します。100〜160℃程度の高温を得るために、石油やガスなどの燃料が使われることが多いようです。

吸収式冷温水発生機はボイラとしての利用もできます。お風呂や食堂などお湯がよく使われる高齢者施設では、機械室を小さくできるなどのメリットがあるため、かなり普及してきました。ただ、吸収式冷温水発生機の場合、定期的なメンテナンスが必要になります。

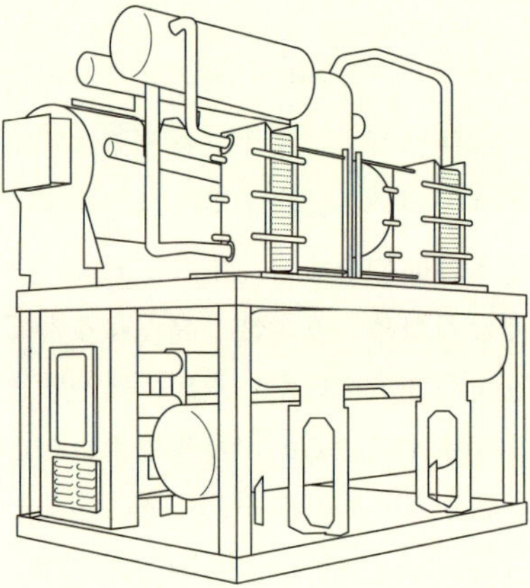

i）チラ

熱源機器の一つで、冷たい熱をつくるために使われます。その冷たい熱で水や不凍液を冷やします。冷たい熱を得るしくみはエアコンと同じです。普通エアコンは部屋の空気を冷やしますが、チラは空気ではなく水や不凍液を冷やすことが異なっています。

チラはボイラと組み合わせて、ファンコイルユニットに冷水や温水を送り、室温を調整することができます。また、ダクト空調システムの機械室で外気や室内を取り込み、空気を適当な温度に調整するのにも使われています。

j）ボイラ

高齢者施設では、浴室や食堂などお湯を多く使います。このため多くの高齢者施設でボイラが使われています。ボイラは石油やガスなどを使ってお湯を沸かすものです。こうして得られたお湯は、管を通して浴室や食堂、あるいは居室に送られ利用されています。ただし、ボイラでは冷たい水を得ることはできません。

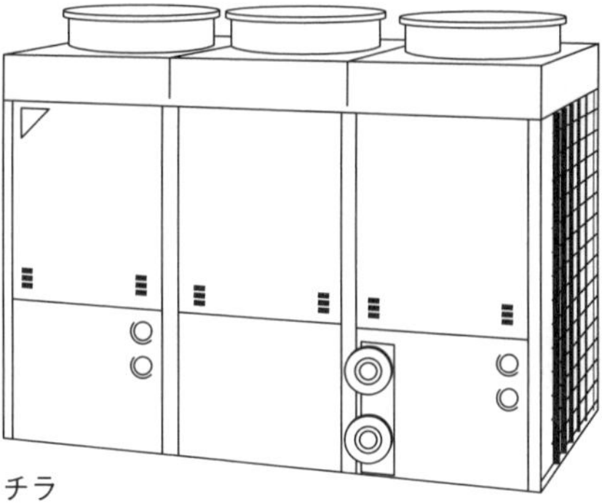

チラ

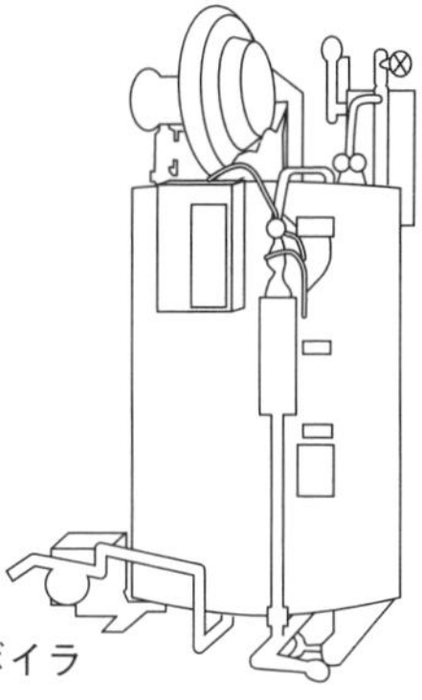

ボイラ

以上の施設の冷暖房でよく使われている空調設備機器の長所と短所を整理したものが**表8**です。

表8　施設で使われる空調設備機器の長所と短所

機器名称	長　所	短　所
ファンコイル	・構造が簡単 ・ファンコイル自体は安価	・冷水や温水を作る装置は高価
ダクト 空調システム	・新鮮な空気を各部屋に送ることができる	・ダクト工事で費用がかかる ・温風や冷風をつくる機械は高い
ビル用 マルチエアコン	・省エネで電気代が安い ・工事が比較的簡単 ・１台の室外機で複数の部屋を冷暖房できる ・深夜電力を使い蓄熱できるものもある	・新鮮な空気を取り入れることはできない
ルームエアコン	・省エネで電気代が安い ・工事が比較的簡単	・一般的なタイプでは新鮮な空気を取り入れることはできない
天井カセット（ファンコイル、エアコンなどの室内機）	・省スペースで邪魔にならない	・暖房時に足元が暖かくなりにくい
外調機	・新鮮な外気を取り入れ、温度も調節できる ・湿度を調整できるもの	・各部屋に空気を送る場合にはダクト工事が必要になる

	もある	
床暖房	・マイルドな暖房ができる	・一度冷えた部屋を暖めるのには時間がかかる
放射パネル	・マイルドな冷暖房ができる	・部屋全体を暖めることはできない
吸収式 冷温水発生機	・ボイラの代わりにもなり、機械室を小さくできる	・特に夏、外への排熱が大きい
チラ	・深夜電力を使い蓄熱ができるものもある	・温水をつくりづらく、効率が悪い（ヒートポンプチラを除く）
ボイラ	・安価な燃料が使える	・冷水をつくることはできない

次に暖房や冷房する機器以外の空調機器について簡単に説明します。

k）加湿器

高齢者施設は特に冬場に湿度が低くなることが多いので、湿度の維持に心がける必要があります。そのため施設では家庭用の加湿器も使われることがありますが、もっと大きな加湿器が使われることもあります。

最も一般的なのは、ダクト空調システムで各部屋に空気を送る前に、水蒸気を各部屋に送る空気に吹き込むものです。また、水蒸気ではなくお湯や水を空気に触れさせ、自然に蒸発した水分を空気に含ませた後に各部屋に送る自然蒸発式と呼ばれるものもあります。

自然蒸発式の場合、水の中に菌が繁殖する場合がありますが、蒸気を吹き込むタイプのものは菌の心配が少なくなります。しかし最近では、自然蒸発式の中にも水中で菌が繁殖しても、空気中に出されないように、透湿膜と呼ばれる特殊な膜を通して水を自然蒸発させるタイプも使われるようになってきました。

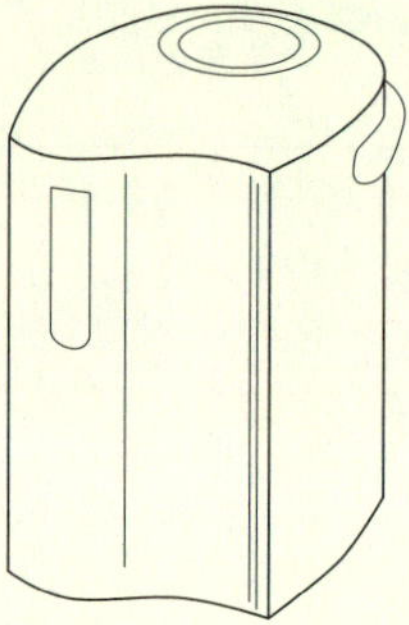

I）脱臭器

加湿器と同様に家庭用の脱臭器が施設でも使われています。しかし、ここでは家庭用以外のもので施設でよく使われているものについて説明します。

酸化力が強く、多くのにおい物質を酸化し、別のものに変えるオゾンと呼ばれる成分があります。このオゾンを利用するものがオゾン脱臭器です。オゾン脱臭器にはオゾンを部屋に吹き出すタイプと、部屋の空気を脱臭器に取り込み、オゾンで脱臭した後に部屋に空気を吹き出すタイプがあります。高濃度のオゾンは人体に有害であるため、特に空気を吹き出すタイプの場合には十分気をつける必要があります。機械の中で脱臭した後に部屋に吹き出すタイプでもオゾンが残ったまま吹き出される場合があるのでこちらも注意が必要です。現状では、濃度が低いオゾンの人体への影響に対しては研究者により意見が異なるため、低濃度だからといって安心して使えるものとは限りません。室内にオゾンを噴霧するタイプのものでは、室内の平均的なオゾン濃度が低くても吹き出し口のオゾン濃度が高くなることが多いため、特に注意しなければなりません。

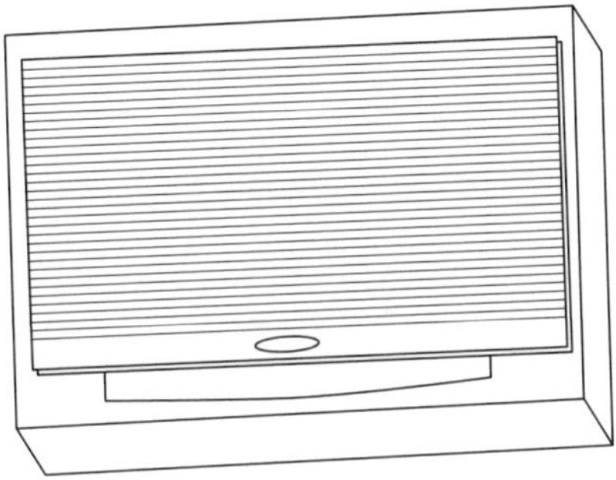

まとめ

高齢社会となった今日、高齢者のみの世帯も増加しつつあります。加齢とともにからだのさまざまな機能が低下してくるのは否めませんが、住まいの温熱環境を適切に整えることで、機能の低下の進行を遅らせたり、発病を予防したりすることもできます。高齢者自身および家族や介護等の支援者がそのような環境を整えることができたらという思いで、さまざまな事例なども紹介しながら述べてきました。

日本は地域によって気候条件がかなり違うことから、それぞれの住宅における暖房や冷房の仕方が異なっています。高齢者の健康という観点からみると、夏季より冬季の温熱環境の調整が重要な課題と思われます。

まず温度の問題は、住宅内での温度差と暖房方法です。冬に、家の中のどこでも暖かいという住宅はまだ少ないのが現状です。しかし、今後は、家の中のどこにいても寒くない住まいづくりを考える必要があると考えます。

それは、高齢者には高血圧性疾患の人が多いという実態から、温熱環境の急激な変化によって脳血管疾患で倒れる危険性を少なくすることができると考えるからです。室内温度が低いと、コタツや電気毛布で身体を温めたり、ストーブのそばで暖をとったりということになり、トイレや浴室への移動時に、大きな温度差にさらされることになります。

基準となる温度について、これまで提案されているものを紹介しましたが、実測調査を踏まえ、ここでは次のように提案します。

＜一般住宅の冷暖房の目安＞

・冬は家中どこにいても15℃以上（最低でも13℃以上、夜間の寝室も）であること。
・この温度が維持できるよう、それぞれの住宅にあった暖房方法を工夫し、日中、長時間いる部屋の温度については、20～24℃の範囲をめやすとすること。
・からだを温める方法を使う場合は、その温度が高すぎないよう注意すること。
・夏は日射防止と通風が得られているかどうかをまず確認し、冷房をする場合は冷風が体に直接あたらないよう注意すること。

一方、高齢者が居住する施設等についても、問題点をいくつか指摘してきました。これら施設の各居室には複数人が居住し、天井に取り付けたファンコイルユニットにより冷暖房を行っているところが多いのが現状です。居住者全員に暖房や冷房の空気を送ろうとするため、どうしても気流が発生しやすくなります。暖房時は乾燥した温風が居住者に直接あたることにより、乾燥感だけでなく体感温度も下げてしまい、そのため温度が高すぎるケースが多くみられました。この乾燥状態は健康状態にも大きく影響します。皮膚が乾燥してくる高齢者にとっては、皮膚掻痒症の悪化が危惧されます。

冷房時は冷風の影響を受け、寒さを訴える人もかなり多く、一般住宅では大きな問題とはならなかった冷房が、施設ではかなり大きな問題となっていました。

また、日射の影響を受ける窓際と廊下側との温度差は、夏・冬とも問題となっていました。

介護を必要としている高齢者が居住している施設における温熱環境調整の留意点は、117ページに記載しましたように、個々の高齢者の健康状態をみながらの調整が不可欠ですが、居住者の健康と快適性に配慮した温熱環境調整の目安を、次のように提案します。

＜高齢者居住施設の冷暖房の目安＞

・高齢者に気流が直接あたらないよう、ファンコイルユニットからの気流の向きと強さを確認すること。

・冬は施設全体が乾燥しやすい環境となっていることから、相対湿度が40%以下にならないよう、加湿方法を検討すること。

・居住室の温度は、暖房時は24℃を超えないよう、冷房時は24～27℃の範囲になるようにすること。

おわりに、本書の執筆にあたり、多くの皆様の貴重な業績を引用・参考とさせていただきました。ここに深く感謝申し上げる次第です。また、本書の出版にあたりご尽力いただきました技報堂出版株式会社に対し、厚くお礼申し上げます。

〈参考文献〉

1) 厚生省老人保健福祉局監修：老人の保健医療と福祉—制度の概要と動向—、長寿社会開発センター、1996

2) 総務庁編：高齢社会白書　平成11年度版、大蔵省印刷局、1999

3) 下仲順子：現代心理学シリーズ・老年心理学、培風館、1997

4) 総務庁編：高齢社会白書　平成14年度版、財務省印刷局、2002

5) 厚生統計協会：国民衛生の動向、37(9)、1990

6) 都築和代：冬季における高齢者の温冷感と体温調節反応、日本建築学会大会学術講演梗概集、D-2、395-396、2002

7) 羽山広文・繪内正道、森太郎：住宅の室温分布の評価方法、日本建築学会大会学術講演梗概集、D-2、105-106、2000

8) 山岸明浩・五十嵐由利子・飯野由香利：新潟県の高齢者居住住宅における温熱環境に関する研究　その2、日本建築学会大会学術講演梗概集、D-2、111-112、2001

9) 日本建築学会編：建築設計資料集成1　環境、丸善、1978

10) 建設省住宅局住宅生産課監修：健康快適住宅宣言、ケイブン出版、1991

11) 川島美勝編著：高齢者の住宅熱環境、P. 219、理工学社、1994

12) 日本病院設備協会規格：病院空調設備の設計・管理指針（HEAS-02)、1997

13) 国立天文台編：理科年表平成16年版（2003、丸善）より作成

14) 五十嵐由利子他：高齢者の住まいにおける暖房方法と健康との関連に関する研究、(財)住総研研究年報、27、231-242、2001

15) 都築和代他：農村地域における高齢者住宅の温熱と空気環境の実態、日本生気象学会誌、38(1)、23-32、2001

16) 梁瀬度子他：高齢者の温熱適応能力からみた居住環境の改善に関する研究、昭和62・63年度科学研究費補助金総合(A)成果報告書、1989

17) 高橋啓子他：高齢者の暖房方法と乾燥感との関連、日本建築学会大会学術講演梗概集、D-2、899-900、2000

18) 例として、沖縄タイムス2003.8.5朝刊

19) 五十嵐由利子、高橋啓子：高齢者居住施設の温熱環境について　その8、

日本建築学会大会学術講演梗概集、D-2、383-384、1996
20）五十嵐由利子、高橋啓子：高齢者居住施設の温熱環境について　その10、その11、日本建築学会大会学術講演梗概集、D-2、361-362、1997
21）五十嵐由利子、高橋啓子：平成９・10年度科学研究費補助金（基盤研究(C(1)）成果報告、1999
22）谷口博威、橋本修左、大渕律子、五十嵐由利子、高橋啓子：高齢者居住施設の温熱環境調査　その１～その３、日本建築学会大会学術講演梗概集、D-1、999、1998
23）橋本修左：特別養護老人ホームの温熱環境調査例報告　第３回　高齢者温熱環境シンポジウム　―高齢者施設の温熱環境関連設備の管理のあり方を考える―　15-22、1998

その他

・空気調和・衛生工学会編：空気調和衛生工学便覧　Ⅰ基礎編　第11版、1989
・日本建築学会編：高齢者のための建築環境、彰国社、1994
・中山昭雄編：温熱生理学、理工学社
・臨床体温研究会編：体温の基礎と臨床、医学図書出版
・系統看護学講座、老年看護、医学書院
・三浦豊彦：冬の寒さと健康、労働科学研究所出版部、1993
・三浦豊彦：夏の暑さと健康、労働科学研究所出版部、1993
・小川紀雄：脳の老化と病気、講談社、1999
・Robert Arking、鍋島陽一、北徹、石川冬木監訳、老化のバイオロジー、メディカルサイエンスインターナショナル、2000
・萩原俊男編：ベッドサイドの老年診断学、南山堂、1994
・G. Lマドック編、エイジング大辞典刊行委員会監訳：エイジング大辞典、早稲田大学出版部、1991
・今堀和友：老化とは何か、岩波新書、1995
・鈴木之：老化の原点をさぐる、裳華房、1998
・折茂肇編：新老年学、東京大学出版会、1996
・メアリーAマテソン、エレノアールS、マコーネル著、石塚百合子他訳：老人看護学２、身体的変化とケア、医学書院、1993

<索　引>

さ行

な行

は行

ま行

や行

ら行

高齢者が気持ちよく暮らすには
—カギを握る温熱環境—

定価はカバーに表示してあります。

2005年8月25日　1版1刷発行

ISBN4-7655-2487-6 C3050

編　者　社団法人 日本建築学会
発行者　長　祥　隆
発行所　技報堂出版株式会社

〒102-0075　東京都千代田区三番町8-7
（第25興和ビル）
電　話　営　業　(03)　(5215)　3165
　　　　編　集　(03)　(5215)　3161
F A X　(03)　(5215)　3233
振替口座　00140-4-10
http://www.gihodoshuppan.co.jp

日本書籍出版協会会員
自然科学書協会会員
工学書協会会員
土木・建築書協会会員
Printed in Japan

©Architectural Institute of Japan, 2005

装幀　浜田充子　印刷・製本　技報堂

落丁・乱丁はお取替えいたします

本書の無断複写は，著作憲法上での例外を除き，禁じられています．

◉関連図書のご案内◉

集住の知恵――美しく住むかたち　日本建築学会編　A5・176頁

複雑系と建築・都市・社会　日本建築学会編　A5・232頁

集合住宅のリノベーション　日本建築学会編　B5・194頁

マネジメント時代の建築企画　日本建築学会編　A5・310頁

室内空気質環境設計法　日本建築学会編　B5・172頁

シックハウス事典　日本建築学会編　A5・220頁

都市・建築空間の科学――環境心理生理からのアプローチ　日本建築学会編　B5・230頁

21世紀型環境学入門――地球規模の循環型社会をめざす　本多淳裕著　B6・214頁

賢いエアコン活用術――環境にも家計にもやさしい　北原博幸著　B6・164頁

ダイニング・キッチンはこうして誕生した　北川圭子著　B6・278頁

科学で見なおす、体にいい水・おいしい水　岡崎稔・鈴木宏明共著　B6・202頁

■技報堂出版 | TEL 編集 03(5215)3161 営業 03(5215)3165
FAX 03(5215)3233